文献检索实用教程

主　编　李　佳　白雪莲　鲁　超　王　迪　李璎昊

副主编　孙也淳　赵玉君　柯丹倩　戴佳希　张　恒

东北大学出版社

·沈　阳·

图书在版编目（CIP）数据

文献检索实用教程 / 李佳等主编. — 沈阳： 东北
大学出版社，2023.6（2025.8 重印）
ISBN 978-7-5517-3300-7

Ⅰ. ①文… Ⅱ. ①李… Ⅲ. ①情报检索 Ⅳ.
①G252.7

中国国家版本馆 CIP 数据核字（2023）第 126887 号

出 版 者：东北大学出版社
　　　　　地址：沈阳市和平区文化路三号巷 11 号
　　　　　邮编：110819
　　　　　电话：024-83680176（编辑部）　83687331（营销部）
　　　　　传真：024-83683655（总编室）　83680180（营销部）
　　　　　网址：http://www.neupress.com
　　　　　E-mail: neuph@neupress.com
印 刷 者：沈阳市第二市政建设工程公司印刷厂
发 行 者：东北大学出版社
幅面尺寸：185 mm×260 mm
印　　张：9
字　　数：220 千字
出版时间：2023 年 6 月第 1 版
印刷时间：2025 年 8 月第 2 次印刷
责任编辑：白松艳
责任校对：石玉玲
封面设计：潘正一
责任出版：魏　巍

ISBN 978-7-5517-3300-7　　　　　　　　　　定　价：36.00 元

《文献检索实用教程》编委会

总顾问：毕　岩

总策划：李　佳　　姜文雯　　鲍　宇　　王　迪　　刘　阳

主　任：李　佳

副主任：马春蕾　　王英华　　王　迪　　卞　鹏　　白雪莲
　　　　冯　雪　　毕长春　　孙也淳　　孙强华　　李　逦
　　　　李璎昊　　杨丽明　　宋金刚　　张　明　　张　恒
　　　　赵玉君　　柯丹倩　　姜文雯　　徐晓辉　　殷振瑶
　　　　鲁　超　　鲍　宇　　戴佳希

编　委：于沛太　　于珊珊　　于晓旭　　于海龙　　王九帝
　　　　王天楠　　王征寒　　王思元　　卢晓婷　　朱志鹏
　　　　刘子冀　　刘铮铮　　刘智深　　齐心慧　　孙佳懋
　　　　孙斯慧　　李　洁　　李姣蓉　　李　鹤　　杨春荻
　　　　佟智鹏　　张文婷　　张玉良　　张　帆　　张远帆
　　　　张英政　　张　莹　　陈　沫　　陈慧洁　　邵文帅
　　　　明　亮　　岳文赫　　金　英　　周　丹　　周　慧
　　　　郑　溯　　孟司雨　　孟庆勇　　赵　欢　　郝　钢
　　　　侯莹莹　　宫小曼　　姚璐璐　　晏子晴　　寇倩茜
　　　　樊秋菊　　薛　君　　魏　迟　　魏武英　　魏颖晖

前 言

随着社会的发展和科技的进步，信息的重要性不断显现。随着人工智能时代的到来，在学术科研中能够快速分辨信息的优劣，能够迅速准确找到所需要的文献资料显得尤为重要。一项科研课题无论是在立项之前，还是在研究过程中，甚至在研究完成后的成果评价，都离不开查找资料。如果能掌握有效的文献检索的方法，提高检索效率，用最少的时间找到最全面、最准确的资料来支持科研活动，那么就可以节省大量的时间，用在构思研究内容上，有利于提高科研效率。近年来，各类型高校根据教学培养目标和学术科研需求，纷纷开展了"文献检索"课程教学。"文献检索"可以说是一门科学方法课，它的目的在于培养学生查询、利用文献信息资源的能力，培养学生信息意识和获取有效信息的能力。

本书对学术科研中比较常用的中外文数据库进行了详细介绍，包括各类数据库的收录范围、功能特性、检索技巧等，通过具体翔实的检索方法为读者展示各类数据库的使用方法。希望读者通过对本书的阅读和学习，能够了解文献检索语言，熟悉文献检索的基本方法，掌握数据库检索的基本技能，进而在学术科研活动中达到提高科研效率的目的，满足在学习和工作中知识更新和从事学术理论与实践研究的需要。本书作为一种参考辅助工具供有文献检索需要的用户使用，本书中所涉数据库内容、检索技巧、检索案例及相关截图等时间截至 2023 年 3 月。由于各类数据库存在更新及升级的可能，更加详尽的介绍及检索方法，请以数据库为准。

李佳编写第一章至第八章；白雪莲编写第六章、第九章、第十章；鲁超编写第六章、第九章、第十章；王迪编写第三章、第九章、第十章；李璎昊编写第三章、第九章、第十章。本书在构思及撰写过程中，得到了金融工程、文献检索教学及数据库领域专家学者的帮助，他们为本书及案例的撰写提供了宝贵的经验。并特别感谢辽宁大学赵玉君老师，安徽大学柯丹倩老师，毕长春老师，戴佳希老师，张恒老师对本书的大力支持。

李 佳

2023 年 3 月

目　录

第一章　文献检索基础知识

第一节　文献信息源

社会不断地发展，人类的信息活动也从来没有中断过。无论是在生产过程中，还是在生活中，各种类型的信息在方方面面都发挥着作用。随着科学技术不断进步，信息、材料和能源已成为现代社会文明的三大支柱，人类已经进入了信息时代。

一、信息、知识、情报与文献

信息是物质存在及运动着的表征，人们正是通过来自自然界和社会的不同信息以区别各种事物，从而认识世界、改造世界的。据不完全统计，自 1948 年以来，《辞海》《韦伯斯特词典》《牛津词典》等对有关"信息定义"的表述达 60 多种。信息论被广泛运用于各学科，人们对信息的认识和定义各有差别。综合来看，可以认为信息是客观世界各种事物特征和变化的反映，以及经过人们大脑加工后的再现。消息、信号、数据、资料、情报、指令均是信息的具体表现形式。信息具有普遍性、传递性、时效性、共享性、可转换性、可知性等特性。

知识是人类对大量信息进行思维分析、加工提炼，并加以系统和深化而形成的结果。知识是人类意识的产物，是经过人脑加工系统化了的信息，是人对客观世界的物质形态及其运动过程和规律的认识。自然界和人类社会中普遍存在信息，这些信息通过人的感觉器官获取送到大脑之后，经过思维加工处理，又重新组合成为新的序列化的东西，最后在物质载体上固化或"沉淀"，这就是知识。知识的存在有三种方式：一是存在于人脑的记忆中，它是属于人们主观精神世界的东西；二是存在于实物中，如文物、样品、各类产品等，人们可以通过研究实物而获得某种知识；三是存在于文献中，人们使用文字、图形、符号、音频、视频、代码等技术手段，将知识记录在一定的载体（如纸张、光盘、存储设备等）上。

情报是人们用来解决特定问题所需要的、经过激活过程活化了的、具有使用价值的知识或信息。"情报"一词最早产生于军事领域，指的是战时关于敌情的报告。随着社会和技术的不断发展，"情报"一词逐渐扩展为一切最新情况的报道。一般认为，情报是针对特定目的、特定对象、特定时间所提供的能起借鉴和参考作用的信息或知识。情报具有启迪思维、增进知识、提高人们认识的能力，能帮助提供决策、协调管理，进而节约各项事业的人力、物力和财力，加快各项任务的进程，以便在竞争中获取胜利。

在我国，"文献"一词的含义随着时代的发展而变化。"文献"一词最早见于《论语·八佾》："夏礼，吾能言之，杞不足徵也；殷礼，吾能言之，宋不足徵也。文献不足故也。足，则吾能徵之矣。"宋代著名学者朱熹注："文，典籍也；献，贤也。"孔子所说的"礼"包括其有关古代典章制度的一切知识，他认为记载、掌握这种知识的是书籍和有学问的人，即"文"和"献"，这种解释一直被后人沿用。第一部以"文献"命名的专著是宋末元初马端临的《文献通考》。

到了现代，由于科学技术的发展，出现了各种各样的载体材料，发明了各种各样记录知识信息的方式，文献大量涌现，文献概念的外延也在不断扩大。国际标准化组织的《文献情报术语国际标准(草案)》(ISO/DIS 5217)对文献定义："在存储、检索、利用或传递记录信息的过程中，可作为一个单元处理的，在载体内、载体上或依附载体而存储的信息或数据的载体。"这里不仅包括传统的书刊、文稿等，而且包括缩微品、音像资料、机读资料和电子出版物等新型的信息知识载体。我国在 1983 年颁布的中华人民共和国国家标准《文献著录总则》(GB/T 3792.1—83)中对文献的定义为"文献是记录有知识的一切载体。"在这两个概念中，文献不仅是记录和保存文化知识的载体，也是传播知识信息的媒介。人们认识客观世界，研究者获取知识或公布新成果，都要利用文献作为媒介。因此，文献对于促进社会的进步和发展起着十分重要的作用。不论定义如何，知识、载体、记录方式是构成文献不可分割的三要素。文献有存储知识、传递和交流信息的功能。

从以上概念的来源、发展过程及内涵特征来看：知识来源于信息，是理性化、优化和系统化了的信息；情报是解决特定问题的知识和智慧，是被激活的那部分知识；文献是它们的载体。

从科学概念和客观对象的规律性来考虑，信息、情报和知识之间的逻辑关系为包含和被包含的关系。情报、知识都属于信息这个大的范畴，三者都可以被记录、贮存、传递，而且在一定条件下可以相互转化。文献是记录知识的载体，是信息、知识、情报得以存在的外壳，如图 1-1 所示。

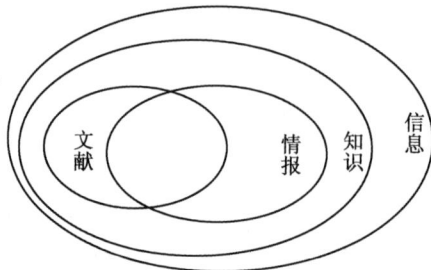

图 1-1 信息、知识、情报与文献的关系图

二、文献信息源分类

联合国教科文组织出版的《文献术语》将"信息源"定义为"个人为满足其信息需要而获得信息的来源"。广义的信息源是指信息活动中各种要素的总称，即除了信息本身，还包括与信息相关的人员、设备、技术和资金等各种资源。狭义的信息源是指文献信息资源（包括数据和各种媒介形式的信息集合）。文献信息源的表现形式多种多样，了解文献信息源的不同形式，有助于了解文献信息的内涵及特征，也是利用文献信息的基础。

（一）按照载体类型分类

文献信息源按照载体类型可分为印刷型文献、缩微型文献、电子型文献、声像型文献四种。印刷型文献是指在印刷术发明以后，以纸张为存贮载体，通过铅印、油印和胶印等手段，将知识固化在纸张上的一类文献。如图书、期刊及各种印刷资料，至今仍广为应用，有着悠久历史。缩微型文献也被称为缩微复制品，是以印刷型文献为母本、感光材料为存储介质、缩微摄影为记录手段，采用光学摄影技术，将纸质文献的影像固化在载体上的一类文献。常见的缩微型文献包括缩微平片和缩微胶卷等。电子型文献也称机读型文献，其全称为计算机可读型文献。在计算机与网络技术的支持下，通过编码和程序设计，将信息变为数字语言和机器语言，并存储在磁带、光盘、磁盘等介质上，从而建立起相应的文献数据库。包括文摘、题录、全文等各种类型数据库。声像型文献是一种非文字形式的文献，也被称为视听资料。它是以磁性材料或者感光材料为存贮载体，借助特定的机械设备直接记录声音和图像信息，以唱片、录音带、录像带、幻灯片、电影片、激光视听系统等形式出现的记录声音和图像的文献。

（二）按照加工深度分类

文献信息源按照加工深度分为零次文献、一次文献、二次文献、三次文献。零次文献是指未经公开发表或交流的文献。如实验记录、草稿、日记、笔记、书信、草图等。一次文献（又称原始文献）是以著者的工作成果为基本材料，对其所创造的知识进行加工而形成的原始记录。特点是系统性、创造性、多样性。如期刊论文、专利说明书、会议论文、技术标准、科技报告等。二次文献（又称检索性文献）是将数量庞大、类型繁多、分散无序的一次文献进行加工整理，按照一定的科学编排方式系统地组织起来的一种文献形式。二次文献具有积累、报道和检索一次文献的功能。如书目、文摘、索引、题录等。三次文献（又称参考性文献）是指利用二次文献，选用一次文献内容，经综合、分析和评述后形成的指南性文献。如综述、专题述评、学科年度总结、数据手册、百科全书等参考工具书，如图 1-2 所示。

二次文献中的目录是图书及其他单独出版物的外部特征的解释和系统化记载，是将一次文献款目按照一定的次序或规则编排而成的一种揭示与报道的文献工具。一般目录主要揭示、报道这些单位出版物的外表特征。二次文献中的索引是根据一定的需要，把特定范围内的某些重要文献中的有关款目或知识单元(如书名、刊名、人名、地名、语词等),按照一定的方法编排,并指明出处,为用户提供文献线索的一种检索工具。它包括四个基本要素:索引源、索引款目、编排方法和出处指引系统。二次文献中的题录是以单篇或单份文献为著录的基本单位的检索工具,题录也主要揭示、报道文献的外表特征,但其著录格式与目录有所不同。二次文献中的文摘是以提供文献内容梗概为目的,简明、确切地描述文献主要内容的短文。中华人民共和国国家标准《检索期刊编辑总则》(GB/T 3468—83)将文摘定义为"除题录部分外还对文献内容做实质性描述的文献条目"。文摘提供文献的外表特征和内容特征,而目录仅提供文摘的外表特征。

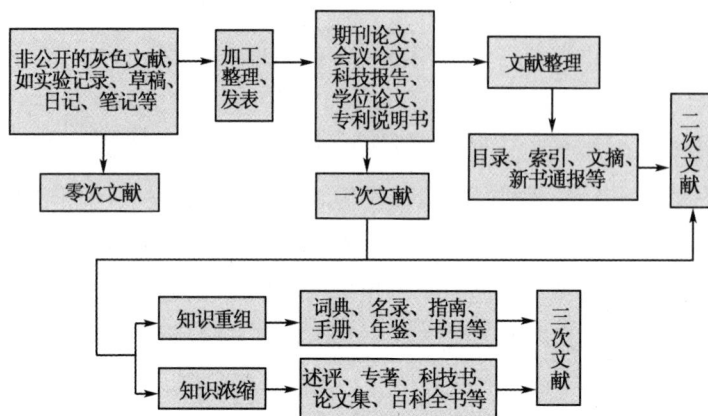

图 1-2 科技文献加工深度分类示意图

(三)按照出版形式分类

文献信息源按照出版形式分为图书、期刊、报纸、学位论文、会议文献、标准文献、科技报告、专利文献、政府出版物、技术档案、产品资料等多种类型。其中,期刊、报纸是连续出版物;报纸、学位论文、会议文献、标准文献、科技报告、专利文献、政府出版物、技术档案、产品资料是特种文献。

1. 图书

图书一般指 48 页以上,内容比较成熟、资料比较系统、有完整定型的装帧形式的出版物。图书由正规出版社正式出版,带有国际标准书号(international standard book number, ISBN)。图书的优点是内容完整、系统,观点成熟,具有求知解惑之用。缺点是出版周期长,不能及时、迅速地反映最新科研成果。在科研方面,图书的利用率在 14% ~ 19%。图书可以分为阅读型图书和工具型图书:阅读型图书包括教科书、专著、文集等;工具型图书包括词典、百科全书、手册、年鉴等。图书类型文献信息源的著录特征包括书名、著者(编者)、出版地、出版者和出版年份、版次、ISBN 等。

ISBN 是专门为识别图书等文献而设计的国际编号。采用 ISBN 编码系统的出版物有图书、小册子、缩微出版物、盲文印刷品等。2007 年 1 月 1 日起,实行新版 ISBN,新版 ISBN 由 13 位数字组成，分为 5 段，即在原来的 10 位数字前加上 3 位欧洲商品编号（EAN），图书产品代码"978"，如图 1-3 所示。在联机书目中，ISBN 可以作为一个检索字段，从而为用户增加一种检索途径。

图 1-3　图书 ISBN 样例

2. 期刊

期刊是计划无限期地按期成册出版的连续出版物，带有国际标准连续出版物号（international standard serial number，ISSN），是最重要的一次文献。期刊的特点是可以刊登多个作者的文章，速度快，周期短，内容新颖，数量大，品种多。是传递科技信息、交流学术思想最基本的手段。在科研方面，期刊的利用率可达 65% 左右。期刊类型文献信息源的著录特征包括篇名、作者、期刊名称（或缩写）、年（卷、期）、所在页码等。

ISSN 是国际通用的连续出版物识别代码，是国际赋予期刊的统一编号。适用于连续出版发行的印刷或非印刷出版物，包括期刊、报纸、年报及各种学会会志、记事、会报、汇刊和丛刊等。由一组冠有 ISSN 的 8 位数字组成，分前后两段，每段 4 位数，段间以"-"连接，最后 1 位数字为校验号，如图 1-4 所示。在期刊数据库中，ISSN 可以作为一个检索字段，从而为用户增加一种检索途径。

图 1-4　期刊 ISSN 号样例

下面对有关期刊的常见问题进行简要概述。

什么是国家级期刊？一般说来，国家级期刊是指由党中央、国务院及所属各部门，或中国科学院、中国社会科学院、各民主党派和全国性人民团体主办的期刊及国家一级专业学会主办的会刊。除此之外，刊物上明确标有"全国性期刊""核心期刊"字样的刊物也可视为国家级刊物。

什么是省级期刊？一般来说，省级期刊是指由各省（自治区、直辖市）及其所属部、委办、厅、局主办的期刊，以及由各本、专科院校主办的学报（刊）。

什么是学术期刊？学术期刊刊发的文献以学术论文为主，而非学术期刊刊发的文献则以文件、报道、讲话、体会、知识等为主，只能作为学术研究的资料，而不是以论文为主。

什么是CN类刊物？所谓CN类刊物是指在我国境内注册、在国内公开发行的刊物。该类刊物的刊号均标注有字母CN，人们习惯称之为CN类刊物。

什么是ISSN类刊物？所谓ISSN类刊物是指在我国境外注册、在国内外公开发行的刊物。该类刊物的刊号前标注有字母ISSN。

什么是核心期刊？核心期刊是某学科的主要期刊。一般是指所含专业情报信息量大、质量高，能够代表专业学科发展水平，并受到本学科读者重视的专业期刊。确定核心期刊的方法有多种，我国一般根据以下几条原则来综合测定：① 载文量（刊载本学科的文献量）多；② 二次文献摘录量大；③ 读者引用次数多。

3. 报纸

报纸是以刊载新闻和时事评论为主的、定期向公众发行的印刷出版物或电子类出版物，是大众传播的重要载体，具有反映和引导社会舆论的功能。2022年，我国出版各类报纸数量达到266亿份。报纸通常散页印刷、不装订、没有封面；但有固定名称，且面向公众定期、连续发行。现代报纸每日出版一次的，为日刊；每周出版一次的，为周刊。现代报纸的直接起源是德国在15世纪开始出现的印刷新闻纸（单张单条的新闻传单）。一般把1615年创刊的《法兰克福新闻》视为第一张"真正的"报纸，因为该报有固定名称，每周定期出版一次，每张纸上印有数条而不是单条新闻（但是该报是单面印刷）。1650年，德国莱比锡出现最早的日报《新到新闻》。"报纸"的英文"newspaper"一词最早出现于1665年英国第一家报纸《牛津公报》上。18世纪以后，日报成为报纸的主角。日报的普及标志着一个国家或地区的新闻业的成熟，因为日报的连续出版，对信息的采集和发送、印刷技术、新闻人员的素质和管理人员的水平，都提出了较高的要求。

报纸可随时阅读，不受时间限制，不会如电视或电台节目般错过指定时间报道的讯息；可以互相传阅，读者人数可以是印刷数的几倍；即使阅读或理解能力较低的人，亦可相应多耗时间，吸收报纸的讯息。互联网崛起，网上版报纸的传阅力较传统印刷品报纸强；报道内容极为广泛，和人们生活息息相关，是人们日常生活中最常接触到的信息源。报纸的信息具有极强的时效性，信息量大，但这也是信息查找不便的原因。受截稿及出版因素影响，报纸无法提供最新资讯及即时更正讯息；纸张过多带来携带及传阅的不便；图片和文字在电视和电台的影音片段的比较下震撼力和感染力比较低；阅读的同时也容易沾染油墨污垢。

报纸类型文献信息源的著录特征包括作者、文章名、报纸名称、年月日、所在版面。

4. 学位论文

学位论文是高等院校和科研院所的本科生、研究生为获得学位资格（学士、硕士、博士）而撰写的学术性较强的研究论文，是在学习和研究中参考大量文献、进行科学研究的基础上而完成的。学位论文是能够体现毕业生能力的一次文献。一般具有一定的独创性，内容系统详尽，是启迪思路、开创新领域的重要研究资料。学位论文是非卖品，除极少数以科技报告、期刊论文的形式发表外，一般不出版，并且难以获得全文。学位论文类型文献信息源的著录特征包括学位论文题名、作者、学位授予单位、专业、导师等。

5. 会议文献

会议文献是指在各种科学技术会议上或专业学术会议上宣读或交流的论文、材料、讨论记录、会议纪要等文献。会议文献可分为会前文献，如会议日程预报和会议论文预印本，以及会后文献，如各种会议记录。会议文献形式有单行本（会议预印本）和会议论文集，是报道最新科技动向的一次文献。会议文献的特点是内容新颖、专业性和针对性强，传递信息迅速，能及时反映科学技术中的新发现、新成果、新成就，以及学科发展趋向。会议文献信息源的著录特征包括题名、作者、作者单位、会议名称、主办单位，会议召开的地点、届次、时间，出版会议论文集的出版社、出版地、出版时间等。

6. 标准文献

标准文献是技术标准、技术规格和技术规则等文献的总称。狭义的标准文献主要是指由技术标准、管理标准、工作标准及其他规范性文件所组成的一种特种文献体系。广义的标准文献除了各类标准外，还包括标准分类资料、标准检索工具、标准化期刊、标准化专著、标准化管理文件、会议文件、标准化手册、定型图册等。标准文献是促进社会产品质量的一种三次文献。它是人们在从事科学试验、工程设计、生产建设、商品流通、技术转让和组织管理时共同遵守的技术文件。一个国家的标准文献可以反映出该国的生产工艺水平和技术经济政策，而国际现行标准则代表了当前世界水平。作为一种规章性文献，它具有一定的法律约束力。国际上最重要的两个标准化组织是国际标准化组织（ISO）和国际电工委员会（IEC）。标准文献信息源的著录特征包括标准类型、标准号、标题、关键词、发布单位、起草单位、中国标准分类号、国际标准分类号等。

7. 科技报告

科技报告又称研究报告、技术报告，是科学技术工作者围绕某个课题研究所取得的成果所写的正式报告，或对某个课题研究过程中各阶段进展情况的实际记录。科技报告出现于20世纪初，在第二次世界大战后迅速发展，成为科技文献中的一大门类。每份报告自成一册，通常载有主持单位、报告撰写者、密级、报告号、研究项目号和合同号等。科技报告按照内容可分为报告书、论文、通报、札记、技术译文、备忘录、特种出版物，大多与政府的研究活动、国防及尖端科技领域有关。其发表及时，课题专深，内容新颖、成熟，数据完整，且注重报道进行中的科研工作，是一种重要的信息源。

科技报告是科研工作的系统总结，报告的出版特点是各篇单独成册，统一编号，由主管机构连续出版。科技报告是既像书又像刊的一次文献。在内容方面，科技报告比期刊论文等专业、深入、详尽、可靠，是一种不可多得的情报源。科技报告具有能迅速反映新的科研成果的特点。以科技报告形式反映科研成果比在期刊上发表这些成果一般要早一年左右，有的则不在期刊上发表。科技报告的内容多样，几乎涉及整个科学、技术领域和社会科学、行为科学，以及部分人文科学领域。科技报告具有保密性要求，大量科技报告都与政府的研究活动、高新技术有关，使用范围控制较严。但是同时，科技报告质量参差不齐。大部分科技报告是合同研究计划的产物，由工程技术人员编写，由于编写过程受时间、因保密需要以工作文件形式出现等因素影响，报告的质量相差很大。科技报告信息源的著录特征包括题名、作者、作者单位、关键词、摘要、计划名称、项目名称等。

8. 专利文献

专利文献是指发明人或专利权人申请专利时，向专利局呈交的一份详细说明发明的目的、构成及效果的书面技术文件，经专利局审查，公开出版或授权的文献。狭义的专利文献指包括专利请求书、说明书、权利要求书、摘要在内的专利申请说明书和已经批准的专利说明书的文件资料。广义的专利文献还包括专利公报、专利文摘，以及各种索引与供检索用的工具书等。只有符合新颖性、创造性和实用性的发明创造才能获得专利权，所以专利文献对于工程技术人员来说，是一种重要的情报源。

专利文献是一种集技术、经济、法律情报于一体的文件资料。专利文献具有内容新颖、广泛、系统、详尽，实用性强，可靠性强，质量高，出版迅速，形式统一，重复出版量大，分类和检索方法特殊，文字严谨，有局限性，题目笼统等特点。

根据设置的专利种类，专利文献分为发明专利说明书、实用新型专利说明书和外观设计专利文献三大类。根据其法律性，专利文献可分为专利申请公开说明书和专利授权公告说明书两大类。专利文献的检索可依照专利文献著录特征进行专利性检索、避免侵权的检索、专利状况检索、技术预测检索、具体技术方案检索。

专利文献信息源的著录特征包括申请号、申请日期、公开号、专利名称、摘要、主分类号、分类号、申请人、发明人、代理机构、代理人、主权项等。

9. 政府出版物

政府出版物又称官方出版物，是有官方性质，并由政府部门及其专门机构，根据国家命令出版的文献资料，是一种重要的文献信息源。政府出版物的特点是出版物数量巨大，内容比较广泛，出版迅速，资料可靠。政府出版物在出版前后，往往用其他形式发表，内容有时与其他类型的文献（如科技报告）有所重复。政府出版物可分为行政性文献和科技性文献两类。行政性文献主要包括立法、政府法令、司法资料、政策、决议、条约、指示、规章制度、会议记录及调查统计资料等。科技性文献主要包括研究报告、科普资料、科技政策文件、技术政策文件等。科技性文献内容涉及各国的方针政策、经济状况及科技水平，有较高的参考价值，一般不公开出售。

10. 技术档案

技术档案是指在技术活动中形成的，某个工程对象的技术文件、图纸、图表、照片和原始记录等。其内容真实、详尽，准确可靠，是科研和生产建设工作的重要依据。它是科学技术资源的一种储备,是技术交流的工具,属于灰色文献①。技术档案一般包括各类任务书、协议书、技术指标、审批文件、研究计划、方案大纲、技术措施、调查材料、设计资料、试验和工艺记录等。技术档案一般为内部所使用,不公开出版发行,有些有密级限制。技术档案在参考文献和检索工具中引用较少。

11. 产品资料

产品资料是指与产品生产制造、使用、销售等各环节相关的各种资料,包括产品的技术指标、生产要素、生产环境控制、使用指南说明等多方面内容,属于灰色文献。产品资料一般为内部所使用,不公开出版发行,有些有密级限制,泄露产品资料会触及法律。涉及用户使用方面的资料通常会以说明书、使用说明等方式配合产品发行。

上述的主要文献中,除图书和期刊外,其余9种被称为特种文献,属于非书非刊出版物,不会大量公开发行,需由特殊渠道获取,其使用价值往往大于常规文献信息源。

三、科技文献发展特征

当今科技发展的高速度、技术性,使得科技文献的发展呈现以下特征。

一是科技文献数量急剧增长。全世界每年出版的期刊达15.9万种,图书大约有96万种,发表的科技论文有500多万篇。文献数量庞大,增长迅速,说明文献资源丰富,但会产生"信息污染"。

二是科技文献内容交叉重复。各种学术机构、研究单位在科研选题上相互重复,反映其研究成果的文献内容也必然重复。同一内容的文献以不同形式、不同文字、不同载体形态发表或出版。世界各国为及时了解和利用其他国家的科技成就,相互翻译出版了大量的书刊资料。再版和改版的文献数量不断增多。许多杂志社同时出版内容完全相同的印刷型和电子型出版物。

三是科技文献中专业文献出版分散。相当数量的专业论文相对集中地刊载在少量专业期刊上,其余数量的专业论文却高度分散地刊载在大量非专业期刊上。

四是科技文献老化加快。文献老化速度与更新速度、科技环境和学科性质有关,半衰期一般为3~10年。文献随着出版年龄的增长,被利用得越来越少,参考价值越来越低。

五是文献语种繁多。全世界约有3000种语言,使用者在100万以上的约有200种。使用英语的国家70多个。目前,世界上绝大部分科技文献是用35种语言出版的。据联

---

① 灰色文献(gray literature)是一种新型信息源,一般指非公开出版的文献。介于正式发行的白色文献与不公开出版并深具隐秘性的黑色文献之间,虽已出版但难以通过一般方式购得。灰色文献品种繁多,包括:非公开出版的政府文献、学位论文;不公开发行的会议文献、科技报告、技术档案;不对外发行的企业文件、企业产品资料、贸易文件(包括产品说明书、相关机构印发的动态信息资料)和工作文件;未刊登稿件及内部刊物、交换资料,赠阅资料等。灰色文献流通渠道特殊,制作份数少,容易绝版。虽然有的灰色文献的信息资料并不成熟,但所涉及的信息广泛、内容新颖、见解独到,具有特殊的参考价值。

合国教科文组织统计，在现有科学文献中，有 1/2 的文献是用 50% 以上的科学家没有掌握的语言出版的，技术文献有 2/3 是英文版，而世界上有 2/3 的工程师不能阅读英文文献。

六是文献载体形态增加。科技文献除传统的印刷型外，还有缩微型、电子型、声像型。随着科学技术的发展，这些载体形式的文献所占比例不断增加。

四、信息素养

随着社会的发展和人类科研活动的增加，文献信息资源在科研活动中的重要性越来越明显。如何在日益增加甚至飞速增长的科技文献中查找到符合学科学术需求的文献资源来辅助科研活动的开展，以及在查找文献资源的过程中尽可能多地节省出时间，这就要求科研人员、学者及高等院校师生具备一定的信息素养，以此来满足科学研究活动、教学活动甚至日常生活对于信息检索的需求。

（一）信息素养起源与发展

信息素养（information literacy）的概念最早由美国信息产业协会主席保罗·泽考斯基（Paul Zurkowski）于 1974 年提出，概括为"利用大量的信息工具及主要信息源使问题得到解答的技术和技能"。其含义包括对传统文化素养的延续和拓展，对信息源及信息工具的了解和运用，具有对信息筛选、检索、评估、组织、处理的技能等。

1989 年，美国图书协会（American Library Association，ALA）在报告中，对信息素养人做了具体描述："要想成为具有信息素养的人，应该能认识到何时需要信息，并拥有确定、评价和有效利用所需信息的能力……从根本意义上说，具有信息素养的人是那些知道如何进行学习的人。他们知道如何进行学习，是因为他们知道知识是如何组织的，如何寻找信息，并如何利用信息。他们能为终身学习做好准备，因为他们总能寻找到为作出决策所需的信息。"

随着社会的发展，人们对信息素养有了更深入的认识，一般来讲，信息素养主要包括信息意识、信息能力、信息道德三个方面。信息意识是人脑对信息知识价值的认识，是自觉地获取有关信息知识，并加以及时分析与利用的内在动力。信息意识表现为对新知识的敏感力、观察力、判断力与吸收能力，表现为对开发利用信息知识的主动性。信息能力是指信息获取、信息分析和信息应用的能力。信息道德是在信息开发、传播、检索、获取、管理和利用过程中所遵循的道德规范。

2003 年 9 月，联合国教科文组织主办了"信息素养专家会议"。会上发布的《布拉格宣言——走向具有信息素质的社会》指出，信息素养是有效参与信息社会的先决条件。2005 年 11 月，联合国教科文组织主办的"信息素养和终身学习高层研讨会"发布的《亚力山大宣言》再次提出，信息素养是终身学习的核心。

联合国教科文组织发布的《教育 2030 行动框架》提出了关于实现"可持续发展目标4"（SDG4）的路线图，以及国家、地区和全球层面的实施战略。SDG4 的主旨是"确保包容和公平的优质教育,让全民终身享有学习机会",包含七项具体指标。其中指标4.4.1与4.4.2对信息素养提出了专门的要求,"指标4.4.1具备信息和通信技术(ICT)技能的青年和成人比例(按技能类别统计)""指标4.4.2达到数字素养技能最低熟练水平的青年和成人比例"。

近年来,我国教育相关部门也发布了一系列相关的政策文件,对信息素养的培育提出了明确要求。其中,对中小学、职校及高等学校的数字项目规范中的信息素养做了明确的界定,尤其强调在中小学的培育。

2018年4月,教育部印发《教育信息化2.0行动计划》,提出信息素养全面提升行动。《教育信息化2.0行动计划》的基本目标是到2022年基本实现"三全、两高、一大、三变、三新"。"三全"即教学应用覆盖全体教师,学习应用覆盖全体适龄学生,数字校园建设覆盖全体学校;"两高"即信息化应用水平和师生信息素养普遍提高;"一大"即建成"互联网+教育"大平台;"三变"即推动从教育专用资源向教育大资源转变,从提升师生信息技术应用能力向全面提升其信息素养转变,从融合应用向创新发展转变;"三新"即努力构建"互联网+"条件下的人才培养新模式,发展基于互联网的教育服务新模式,探索信息时代教育治理新模式。其内在逻辑关系是以"三全""一大"建设为基础,推动"三变",形成"三新",最后达到"两高"。

2020年6月,教育部印发《职业院校数字校园规范》,提出注重学生信息素养和信息化职业能力的全面提升。该规范明确了教育教学信息化的核心目标之一是为适应"互联网+职业教育"发展需要,借助各类信息技术和创新要素驱动,构建信息技术支持下的教学空间、工作场所和虚拟场景及其相互融合的环境,支持专业知识、职业技能和信息素养三位一体的高素质技术技能型人才培养。该规范将信息素养作为高等职业学校的评价中的一项三级指标,观测应用信息技术手段培养学生的计算思维与创新思维,提升学生信息素养的情况;同时,明确提出提升网络安全风险防控能力,建成专职网络安全管理和技术队伍,培养并提升教职工网络新媒体素养和信息素养,促进学生加入网络安全队伍,实现社会网络安全力量协同,实现网络安全竞赛、教育培训、网络安全应急演练常态化。

2020年12月,教育部发布《中国教育检测与评价统计指标体系(2020年版)》,首次将"学生信息素养达标率"纳入其中。学生信息素养达标率,是指某一级教育学生信息素养达标学生人数占国家认定学生信息素养测评总人数的百分比。该指标可监测和评价全国及各地区学生信息素养水平,可作为教育质量类指标。

$$学生信息素养达标率 = \frac{某一级教育学生信息素养达标学生数}{该级教育参加国家认定学生信息素养测评人数} \times 100\%$$

数据来源:国家认定的学生信息素养测评项目数据。

指标分解:分学段,分城乡(中等职业学校和普通高校除外)。

适用范围:国家级、省级、地级、县级、校级(普通高校不适用于地级和县级)。

指标释义：该指标值高说明学生的信息素养高，更多学生达到国家对学生信息素养的相关要求。

局限性：该指标只反映参加国家认定学生信息素养测评的学生信息素养水平，可能与各级教育中全体学生的实际情况有所差异。

(1) 小学学生信息素养达标率 $= \dfrac{\text{小学信息素养达标学生数}}{\text{小学参加国家认定学生信息素养测评人数}} \times 100\%$

(2) 初中学生信息素养达标率 $= \dfrac{\text{初中信息素养达标学生数}}{\text{初中参加国家认定学生信息素养测评人数}} \times 100\%$

(3) 普通高中学生信息素养达标率 $= \dfrac{\text{普通高中信息素养达标学生数}}{\text{普通高中参加国家认定学生信息素养测评人数}} \times 100\%$

(4) 中等职业学校学生信息素养达标率 $= \dfrac{\text{中等职业学校信息素养达标学生数}}{\text{中等职业学校参加国家认定学生信息素养测评人数}} \times 100\%$

(5) 普通高校学生信息素养达标率 $= \dfrac{\text{普通高校信息素养达标学生数}}{\text{普通高校参加国家认定学生信息素养测评人数}} \times 100\%$

(二) 信息素养组成要素和培养方式

2021 年 3 月，教育部发布《高等学校数字校园建设规范(试行)》，明确信息素养是数字校园各类用户应具备的运用信息与技术的素养和能力，是充分发挥数字校园功能，获取数字校园服务的基本要求。信息素养是个体恰当利用信息技术来获取、整合、管理和评价信息，理解、建构和创造新知识，发现、分析和解决问题的意识、能力、思维及修养。信息素养培育是高等学校培养高素质、创新型人才的重要内容。高等学校数字校园是复杂的人机结合系统，提升高等学校用户的信息素养有助于提升高等学校数字校园的建设和运行水平。

《高等学校数字校园建设规范(试行)》从信息素养组成要素和信息素养培养方式两方面进行了规定。

1. 信息素养组成要素

(1) 信息意识。高等学校师生员工的信息意识包括：

① 对信息真伪性、实用性、及时性辨别的意识。

② 根据信息价值合理分配注意力。

③ 利用信息技术解决自身学习、生活中出现的问题的意识。

④ 发现并挖掘信息技术及信息在教学、学习、工作和生活中的作用与价值的意识。

⑤ 积极利用信息和信息技术对教学和学习进行优化与创新，实现个人可持续发展的意识。

⑥ 能够意识到在教学和学习中应用信息技术的限制性条件。

⑦ 勇于面对、积极克服信息化教学和学习中的困难的意识。

⑧ 积极学习新的信息技术，以提升自身信息认知水平的意识。

（2）信息知识。高等学校师生员工的信息知识包括：

① 信息科学与技术的相关概念与基本理论知识。

② 当前信息技术的发展进程、应用状况及发展趋势。

③ 信息安全和信息产权的基础知识。

④ 学科领域中信息化教学、学习、科研等相关设备、系统、软件的使用方法。

⑤ 寻求信息专家（如图书馆员、信息化技术支持人员等）指导的渠道。

（3）信息应用能力。高等学校师生员工的信息应用能力包括：

① 能够选择合适的查询工具和检索策略获取所需信息，并甄别检索结果的全面性、准确性和学术价值。

② 能够结合自身需求，有效组织、加工和整合信息，解决教学、学习、工作和生活中的问题。

③ 能够使用信息工具将获取的信息和数据进行分类、组织和保存，建立个人资源库。

④ 能够评价、筛选信息，并将选择的信息进行分析归纳、抽象概括，融入自身的知识体系中。

⑤ 能够根据教学和学习需求，合理选择并灵活调整教学和学习策略。

⑥ 具备创新创造能力，能够发现和提炼新的教学模式、学习方式和研究问题。

⑦ 能够基于现实条件，积极创造、改进、发布和完善信息。

⑧ 能够合理选择在不同场合或环境中交流与分享信息的方式。

⑨ 具备良好的表达能力，能够准确表达和交流信息。

（4）信息伦理与安全。高等学校师生员工的信息伦理与安全素养包括：

① 尊重知识，崇尚创新，认同信息劳动的价值。

② 不浏览和传播虚假消息和有害信息。

③ 在信息利用及生产过程中，尊重和保护知识产权，遵守学术规范，杜绝学术不端。

④ 在信息利用及生产过程中，注意保护个人和他人隐私信息。

⑤ 掌握信息安全技能，防范计算机病毒和黑客等攻击。

⑥ 对重要信息数据进行定期备份。

2. 信息素养培养方式

（1）总体要求。高等学校应积极开展信息素养培养，融合线上与线下教育方式，不断拓展教育内容，开展以学分课程为主、以嵌入式教学和培训讲座为辅、形式多样的信息素养教育活动，帮助用户不断提升利用信息及信息技术开展学习、研究和工作的能力。

（2）教师信息素养培训。

① 高等学校应将教师的信息素养提升纳入师资队伍基本能力建设，并列入继续教育

范围，保证教职员工信息素养提升的常态化与持续性。

② 高等学校应推进教学、科研、管理、服务中常用的信息技术工具设备的培训。

③ 高等学校应培训并鼓励教师利用信息技术探索教学改革、辅助科研创新。

④ 高等学校须加强信息素养教育的师资队伍建设，满足高等学校相应学科的需求。

（3）学生信息素养教育。

① 高等学校应推进学生信息素养教育的普及与深化，系统性、有针对性地提升学生的综合信息素养水平。

② 高等学校应鼓励教师积极开展信息素养嵌入式教学，促进信息素养知识与专业课或通识课教学内容有机融合，提升学生的专业素质。信息素养课程教师与专业课或通识课教师密切合作，协同完成课程教学。（可选）

第二节　文献检索原理及步骤

文献检索又称信息检索，简单来说，就是从海量文献中找出特定文献的过程。广义的信息检索是指将信息按照一定的方式组织和存储起来，并根据信息用户的需要找出有关的信息过程，故全称"信息的存储与检索"（information storage and retrieval）。狭义的信息检索仅指上述过程的后半部分，即从信息集合中找出所需要的信息的过程，相当于人们通常所说的信息查询（information search）。

一、文献检索原理

信息检索原理可以概括为通过对大量的、分散无序的文献信息进行搜集、加工、组织、存储，建立各种各样的检索系统，并通过一定的方法和手段使存储与检索这两个过程所采用的特征标识相一致，以便有效地获得和利用信息。将提问标识与存储在检索工具中的标识进行比较，若两者一致或信息标引的标识包含检索提问标识，则具有该标识的信息就从检索工具中输出，输出的信息就是检索命中的信息，如图 1-5 所示。

信息检索包含存储和检索两个过程。存储过程就是按照检索语言（主题词表或分类表）及其使用原则对原始信息进行处理，形成信息特征标识，为检索提供经过整序（形成检索途径）的信息集合的过程。检索过程则是按照同样的主题词表或分类表、组配原则来分析课题，形成检索提问标识，根据存储所提供的检索途径，从信息集合中查获与检索提问标识相符的信息特征标识的过程，如图 1-6 所示。

图 1-5　信息检索原理

文献检索是指从文献信息集合中查找所需文献或文献中所包含的信息内容的过程。根据检索设备的不同,文献检索可划分为手工检索和计算机检索两种。手工检索主要是查找印刷型文献的检索,具有直观、灵活、无需各种设备和上机费用的特点,但是也存在不足之处,例如在查找较复杂、较大课题的资料信息时,费时费力,效率不高,甚至无从查找。计算机检索是通过计算机对信息进行查找和输出的过程,可以提高检索效率,拓展文献检索领域,丰富文献检索的研究内容。

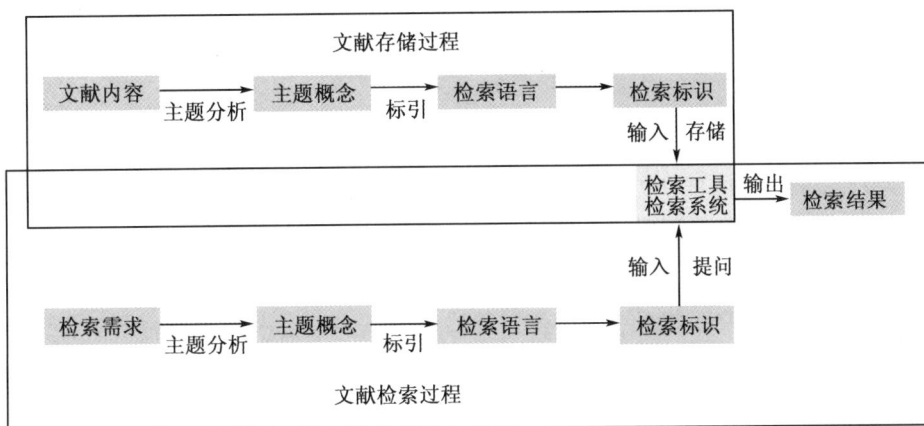

图 1-6　文献检索的两个过程

二、检索语言

检索语言是文献检索中用来描述文献特征和表达情报提问内容的一种专门的人工语言,用于各种检索工具的编制和使用,并为检索系统提供统一的、作为基准的、用于信息交流的符号化或语词化的专用语言。在信息存储过程中,用检索语言来描述信息的内容和外部特征,从而形成检索标识。在检索过程中,用检索语言来描述检索提问,从而形成提问标识。当提问标识与检索标识完全匹配或部分匹配时,结果即检得文献。

检索语言可分为分类检索语言和主题检索语言。分类检索语言是按照一定的分类体系,对信息进行组织,其典型表现形式就是各种分类表,如《国际专利分类表》《杜威十进分类法》《中国图书馆分类法》。主题检索语言是以词语作为表达主题概念的标识,按照字顺编排的检索语言,其典型表现形式就是各类主题词表,如汉语主题词表、工程主题词表(subject headings for engineering)、INSPEC Thesaurus 等。

表 1-1　分类检索语言与主题检索语言对照表

比较项目	分类检索语言	主题检索语言
概念	用分类号表达学科体系的各种概念,将概念按照知识门类、学科性质进行分类和系统排列	用词语表达文献主题概念,并使用参照系统来间接表达各概念之间的关系,按照字顺排列词语
作用	指导从学科或专业途径检索文献	指导从主题途径检索文献
出版物	分类表(分类法)	主题词表
特点	系统性强、不受文种限制	直指性强、专指度高、灵活
适用性	适用于族性检索,单一概念检索	适用于特性组配检索、交叉复合概念检索

主题检索语言包括标题词、叙词(单元词)、关键词等。标题词是经规范化处理的词或词组,为先组式语言,即在检索前已经把概念之间的关系组配好了。叙词(单元词)是经规范化处理的词或词组,为后组式语言,可自由灵活组配。关键词是指未经规范化处理,直接从文献题名、原文或文摘中选取的能反映原文主题内容的自由词汇。

三、文献检索步骤

一是对检索课题进行分析。分析课题的实质内容,明确课题对查新、查全、查准的要求,分析课题涉及的学科范畴,明确课题所需的文献类型及文献的时间范围,确定检索课题的关键词。

二是根据课题的检索需求,选择合适的检索系统或数据库。常用的中文数据库包括 CNKI、万方数据库、维普数据库、超星电子图书、IncoPat 专利数据库、国家知识产权局专利检索系统等。常用的外文数据库包括 Elsevier、SpringerLink、EBSCO、Emerald、Web of Science、Engineering Village 等。也可以充分利用搜索引擎的检索功能,例如 Google、百度等对课题进行检索。

三是确定检索词和检索途径。利用课题中确定的中英文关键词,通过主题词表、叙词表进行规范化处理,提炼出检索词。同时将检索词与检索技术进行逻辑组配,构建合适的检索表达式。在利用数据库查找文献信息时,主要利用检索工具的各种索引,一般来说,每种检索工具都提供几种检索途径,归纳起来,可以分为:分类途径、主题途径、作者途径、题名途径、号码途径和其他途径。

四是实施检索过程。文献检索方法有很多,常见的有检索工具法,包括顺查法、倒查法、抽查法及追溯法。顺查法是指以课题研究的起始年代为起点,由远而近按照时间顺序逐年查找的方法。倒查法是指由近而远按照时间顺序逐年查找的方法。抽查法是指针对学科发展的高峰期,选取一定时间段进行查找的方法。追溯法是指从已知文献所附的参考文献入手,逐一追查原文,再从查到的原文所附的参考文献逐一查找下去,直到获得满意的结果。

五是对检索结果进行评价,审查文献,若不满意,需要调整检索策略,再次检索。对检索到的文献进行分析、鉴别、筛选和取舍，若不满意，需要调整检索策略，如重新选择数据库、调整检索时间范围、调整检索途径、调整检索词等，再次检索，直到得到满意的检索结果。

六是输出检索结果，获取原文。对于全文型数据库，可以直接通过下载的方式获得原文。对于文摘型数据库，可以通过以下途径获取。

（1）根据原文出处，到图书馆电子资源中查找原文。

（2）到图书馆已购买的全文数据库中搜索。

（3）打开摘要后，查找是否有原文链接。

（4）用 Google、百度搜索，使用题名信息做精确检索。

（5）根据文摘信息中作者的 E-mail 信息，通过邮件向作者索取原文。

（6）到图书馆做原文传递。

第三节　文献检索评价

如何对文献检索效果进行评价？美国情报专家 J. W. 佩里和 A. 肯特于 20 世纪 50 年代中期提出了查全率和查准率的概念，后经不断改进和完善，如今已成为评价检索效果最常用的关键指标之一。确定查全率和查准率最常用的方法是有名的 2×2 表（见表 1-2）。

表 1-2　查全率和查准率 2×2 表

系统相关性预报	用户相关性判断		
	相关文献	非相关文献	总计
被检出文献	a	b	$a+b$
未检出文献	c	d	$c+d$
总计	$a+c$	$b+d$	$a+b+c+d$

表 1-2 中，a 代表被检出的相关文献，b 代表误检的文献，c 代表漏检的文献，d 代表正确拒绝的无关文献。

查全率是指系统在进行某一检索时，被检出的相关文献量与系统文档中实有的相关文献量的比率。

$$查全率(R) = \frac{被检出相关文献量}{文档中相关文献总量} \times 100\%$$

$$= \frac{a}{a+c} \times 100\%$$

从文献存储来看，影响查全率的因素主要有文献库收录文献不全，索引词汇缺乏控制和专指性，词表结构不完整，词间关系模糊或不正确，标引不详，标引前后不一致，标引人员遗漏了原文的重要概念或用词不当等。此外，从情报检索来看，主要有检索策略过于简单，选词和逻辑组配不当，检索途径和方法太少，检索人员业务不熟练和缺乏耐心，检索系统不具备截词功能和反馈功能，检索时不能全面地描述检索要求等。

查准率是指被检出的相关文献量与被检出的文献总量的比率。

$$查准率(P) = \frac{被检出相关文献量}{被检出的文献总量} \times 100\%$$

$$= \frac{a}{a+b} \times 100\%$$

查准率标志着某一检索系统运行过程中拒绝无关文献、选出有关文献的能力，同时是用户从检出文献中进一步筛选出相关文献所需时间的一种间接测度。为达到相同查全率，高的查准率意味着用户鉴别检索结果时只需较少时间，不过这种测度主要适用于评价情报工作人员代替用户检索的情况。

影响查准率的因素主要有：索引词不能准确描述文献主题和检索要求；组配规则不严密；选词及词间关系不正确；标引过于详尽；组配错误；检索时所用检索词（或检索式）专指度不够，检索面宽于检索要求；检索系统不具备逻辑"非"功能和反馈功能；检索式中允许容纳的词数量有限；截词部位不当，检索式中使用逻辑"或"不当；等等。

实际上，影响检索效果的因素是非常复杂的。国外有关专家的实验结果表明，查全率与查准率为互逆相关性，查全率一般为60%~70%，查准率为40%~50%，当查全率超过70%时，若想再提高查全率，则必然要降低查准率。

使用泛指性较强的检索语言（如上位类、上位主题词）能提高查全率，但查准率下降。

使用专指性较强的检索语言（如下位类、下位主题词）能提高查准率，但查全率下降。

第二章　CNKI 数据库检索技巧及应用

第一节　CNKI 数据库介绍

一、中国知识基础设施工程

CNKI 数据库(中国知网)涵盖资源丰富,是利用知识管理的理念,结合搜索引擎、全文检索、数据库等相关技术的一个检索平台,可以在知识及信息中发现和获取所需信息。CNKI 数据库提供中国学术文献、外文文献、学位论文、报纸、会议、年鉴、工具书等各类资源,并提供在线阅读和下载服务

1998 年,世界银行在《1998/99 年度世界发展报告》中提出国家知识基础设施(national knowledge infrastructure,NKI)这一概念。1999 年 3 月,清华大学、清华同方发起了中国知识基础设施工程(China national knowledge infrastructure,CNKI)。在全国学术界、教育界、出版界、图书情报界等社会各界的密切配合和清华大学的直接领导下,CNKI 工程集团经过多年努力,采用自主开发并具有国际领先水平的数字图书馆技术,建成了世界上全文信息量规模最大的 CNKI 数字图书馆,并正式启动建设《中国知识资源总库》及 CNKI 网格资源共享平台,通过产业化运作,为全社会知识资源高效共享提供最丰富的知识信息资源和最有效的知识传播与数字化学习平台。

CNKI 工程的具体目标:一是大规模集成整合知识信息资源,整体提高资源的综合和增值利用价值;二是建设知识资源互联网传播扩散与增值服务平台,为全社会提供资源共享、数字化学习、知识创新信息化条件;三是建设知识资源的深度开发利用平台,为社会各方面提供知识管理与知识服务的信息化手段;四是为知识资源生产出版部门创造互联网出版发行的市场环境与商业机制,大力促进文化出版事业、产业的现代化建设与跨越式发展。

CNKI 1.0 是在建成《中国知识资源总库》基础工程后,从文献信息服务转向知识服务的一个重要转型。CNKI 1.0 的目标是面向特定行业领域知识需求进行系统化和定制化知识组织,构建基于内容内在关联的"网节"和基于知识发现的知识元及其关联关系,代表了中国知网服务知识创新与知识学习、支持科学决策的产业战略发展方向。

在 CNKI 1.0 基本建成以后，以全面应用大数据与人工智能技术打造知识创新服务业为新起点，CNKI 工程跨入了 2.0 时代。CNKI 2.0 的目标是将 CNKI 1.0 基于公共知识整合提供的知识服务，深化到与各行业机构知识创新的过程与结果相结合的程度，通过更为精准、系统、完备的显性管理，以及嵌入工作与学习具体过程的隐性知识管理，提供面向问题的知识服务和激发群体智慧的协同研究平台。其标志是建成"世界知识大数据（WKBD）"，建成各单位充分利用"世界知识大数据"进行内外协同创新、协同学习的知识基础设施（NKI），启动"百行知识创新服务工程"，全方位服务中国的世界一流科技期刊建设及共建"双一流数字图书馆"。

二、CNKI 资源及服务

CNKI 的信息内容是经过深度加工、编辑、整合，以数据库形式进行有序管理的，内容有明确的来源、出处（比如期刊、杂志、报纸、博士/硕士论文、会议论文、图书、专利等），内容可信可靠。因此，CNKI 的内容可以作为学术研究、科学决策的依据。

（一）互联网出版平台

CNKI 已集结了 7000 多种期刊、近 1000 种报纸、18 万篇博士/硕士论文、16 万篇会议论文、30 万册图书及国内外 1100 多个专业数据库。其中，博士/硕士论文、会议论文及部分数据库为一次出版，期刊、图书、报纸等为二次出版。

CNKI 是国家新闻出版总署首批批准的互联网出版平台，可以二次出版所有传统出版方式已经出版过的内容，也可以直接通过网络进行一次出版，出版形式多种多样，包括文本、图片、音频、视频、动画、软件、网络课程、科学数据等多种媒体方式。

CNKI 同时也提供学术期刊论文投稿的功能。应用 CNKI 中国学术期刊论文投稿平台，可以了解投稿知识和写作指南、各类期刊接受稿件的标准和要求、期刊投稿方式等。

（二）知识搜索引擎

搜索引擎逐渐表现出自身的缺陷和不足。一是搜索引擎对内容收录无法提出明确标准，信息质量良莠不齐，垃圾内容越来越多；二是搜索引擎主要通过匹配关键词的简单方式查找网页，但是用户通常很难用几个孤立的关键词表达清楚查询需求，而排序算法又主要基于网页的链接分析，因此搜索引擎难以满足用户对内容准确检索的需求；三是用户更希望直接得到答案，而这只有在深入理解文献内容后才能实现。

CNKI 文献检索——CNKI 提供标题、作者、关键词、摘要、全文等多种字段检索方式，提供相关性排序、被引频次排序、时间、下载次数等多种智能排序算法。

CNKI 知识元检索——CNKI 定义型知识元库收录了从文献中自动抽取的学术定义 120 多万条。

CNKI 数值知识元检索——人均 GDP、失业率等基本的知识单元，被称为数值型知识元。CNKI 数值型知识元库包含 5000 多万条知识元。CNKI 数值知识元搜索提供对这类数值的搜索服务。

（三）文献检索功能

CNKI 数据库的文献检索功能，可以帮助用户查找期刊、论文、实验数据、报纸信息等资料。通过文献检索，查找某一作者发表的文章，用户可以了解学者研究动态、研究主题、研究方向；可以查找某一研究领域的研究热点，以便于紧跟研究动态；可以查找某一机构的发文情况及文献引用情况，进而了解该机构的研究领域、研究热点及机构影响力等；还可以通过文献检索查找由各类基金项目资助的文献资源情况，进而了解基金资助项目的研究成果。

（四）在线教学服务平台

"知网在线教学服务平台"是中国知网推出的新一代在线教学服务系统，平台与 CNKI 世界知识大数据深度融合，提供协同备课、在线教学、智能测评、文献阅读、协同研究、论文写作和课程作业管理等多种增值服务，可用来构建公开课、同步课堂、微课程、直播教室、MOOC 等多种新型在线课程。该平台打破传统课堂时间和空间限制，保证知识的快速传播、学生的规模化培养；支持多种类型课程，灵活应对各类授课场景；针对前置学习、正式学习、后置学习各环节精准覆盖。教师可以根据教学成员数量创建邀请课程，快速组建专业课程小班进行知识教授与学习，简单、高效、直接。

平台支持直播课程、录播课程、公开课堂、课件课堂等形式。在专家公开课中，招募全国高校及科研院所专家名师入驻平台开设讲座，融合各领域专业学者和研究人员，面向知网庞大的用户群体，就所在领域的专业知识和科研实践进行讲授。

（五）知识服务

CNKI 行业知识服务与知识管理平台，划分出不同产业专题，将相关信息进行整合，通过知识管理服务更好地支持企业情报研究与战略决策。CNKI 面向各行各业打造了300 多个行业知识服务与知识管理平台，汇编国内外战略情报、各类智库研究成果，供机构决策者、执行者参考。在 CNKI 首页，行业知识服务平台与知识管理平台行业分类清晰，可以根据行业需求进行选择。

第二节　CNKI 数据库检索及利用

一、基本检索

CNKI 平台提供基本检索、高级检索、专业检索、作者发文检索、句子检索等多种检索方式。基本检索主要是指在 CNKI 首页上的单一检索框内进行检索的方式。将检索功能浓缩至一个单一检索框中，如图 2-1 所示，根据不同检索项的需求特点，采用不同的检索机制和匹配方式，体现智能检索优势，操作便捷。在平台首页选择检索范围，下拉选择检索项，在检索框内输入检索词，点击检索按钮或回车键，执行检索命令。

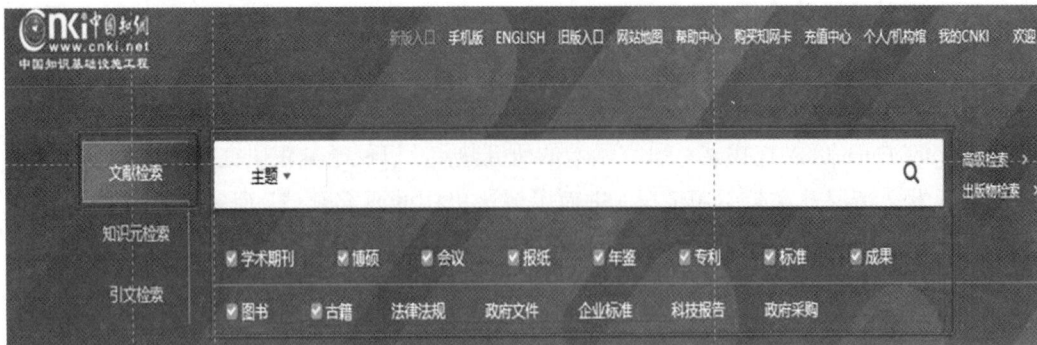

图 2-1　CNKI 数据库基本检索界面

（一）检索项情况

总库提供的检索项有主题、篇关摘、关键词、篇名、全文、作者、第一作者、通讯作者、作者单位、基金、摘要、小标题、参考文献、分类号、文献来源、DOI。

1. 主题检索

主题检索是指在中国知网标引出来的主题字段中进行检索，该字段内容包含一篇文章的所有主题特征，同时在检索过程中嵌入了专业词典、主题词表、中英对照词典、停用词表等工具，并采用关键词截断算法，将低相关或微相关文献进行截断。

2. 篇关摘检索

篇关摘检索是指在篇名、关键词、摘要范围内进行检索。

3. 关键词检索

关键词检索的范围包括文献原文给出的中英文关键词，以及对文献进行分析计算后由机器标引出的关键词。机器标引的关键词基于对全文内容的分析，结合专业词典，解决了文献作者给出的关键词不够全面准确的问题。

4. 篇名检索

期刊、会议、学位论文、辑刊的篇名为文章的中英文标题。报纸文献的篇名包括引题、正标题、副标题。年鉴的篇名为条目题名。专利的篇名为专利名称。标准的篇名为中英文标准名称。成果的篇名为成果名称。古籍的篇名为卷名。视频的篇名为视频名称。

5. 全文检索

全文检索是指在文献的全部文字范围内进行检索，包括文献篇名、关键词、摘要、正文、参考文献等。

6. 作者检索

期刊、报纸、会议、学位论文、年鉴、辑刊的作者为文章作者。专利的作者为发明人。标准的作者为起草人或主要起草人。成果的作者为成果完成人。古籍的作者为整书著者。视频的作者为主讲人。

7. 第一作者检索

只有一名作者时，该作者为第一作者。有多名作者时，将排在第一名的作者认定为文献的第一责任人。

8. 通讯作者检索

目前，期刊文献对原文的通讯作者进行了标引，可以按照通讯作者查找期刊文献。通讯作者是指课题的总负责人，也是文章和研究材料的联系人。

9. 作者单位检索

期刊、报纸、会议、辑刊的作者单位为原文给出的作者所在机构的名称。学位论文的作者单位包括作者的学位授予单位及原文给出的作者任职单位。年鉴的作者单位包括条目作者单位和主编单位。专利的作者单位为专利申请机构。标准的作者单位为标准发布单位。成果的作者单位为成果第一完成单位。视频的作者单位为主讲人单位。

10. 基金检索

根据基金名称，可检索受到此基金资助的文献。支持基金检索的资源类型包括期刊、会议、学位论文、辑刊。

11. 摘要检索

期刊、会议、学位论文、专利、辑刊的摘要为原文的中英文摘要，原文未明确给出摘要的，提取正文内容的一部分作为摘要。标准的摘要为标准范围。成果的摘要为成果简介。视频的摘要为视频简介。

12. 小标题检索

期刊、报纸、会议的小标题为原文的各级标题名称，学位论文的小标题为原文的中英文目录，中文图书的小标题为原书的目录。

13. 参考文献检索

检索参考文献里含检索词的文献。支持参考文献检索的资源类型包括期刊、会议、学位论文、年鉴、辑刊。

14. 分类号检索

通过分类号检索，可以查找到同一类别的所有文献。期刊、报纸、会议、学位论文、年鉴、标准、成果、辑刊的分类号指中图分类号。专利的分类号指专利分类号。

15. 文献来源检索

文献来源指文献出处。期刊、辑刊、报纸、会议、年鉴的文献来源为文献所在的刊物。学位论文的文献来源为相应的学位授予单位。专利的文献来源为专利权利人／申请人。标准的文献来源为发布单位。成果的文献来源为成果评价单位。视频的文献来源为视频来源。

16. DOI 检索

输入 DOI，可以号检索期刊、学位论文、会议、报纸、年鉴、图书。只支持检索在知网注册 DOI 的国内期刊、学位论文、会议、报纸、年鉴、文献。

DOI 全称"digital object identifier",数字对象唯一标识符,被喻为"互联网上的条形码""科技论文的身份证",通过它可以方便、可靠地链接到论文全文。DOI 代码具有唯一性,保证了在网络环境下对数字化对象的准确提取,有效地避免重复。另外,DOI 标识符一经产生就永久不变,不随其所标识的数字化对象的版权所有者或存储地址等属性的变更而改变。

DOI 包括两个部分:前缀和后缀,中间用"/"分割。前缀由两部分组成,一个是目录代码,所有 DOI 的目录都是"10.",即所有 DOI 代码都以"10."开头。另一个是登记机构代码,任何想登记 DOI 的组织或单位都可以向国际数字对象识别号基金会(International DOI Foundation,IDF)申请登记机构代码。后缀是一个在特定前缀下唯一的后缀,由登记机构分配并确保其唯一性。后缀可以是任何字母数字码,其编码方案完全由登记机构规定。后缀可以是一个机器码,或者是一个已有的规范码,如 ISBN 或 ISSN。例如:10.3969/j.issn.1004-3810.2008.01.001。

(二)检索方法

CNKI 基本检索(一框式检索)根据检索项的特点,采用不同的匹配方式。采用相关度匹配的检索项为主题、篇关摘、篇名、全文、摘要、小标题、参考文献、文献来源。根据检索词在该字段的匹配度,得到相关度高的结果。采用精确匹配的检索项为关键词、作者、第一作者、通讯作者。采用模糊匹配的检索项为作者单位、基金、分类号、DOI。

CNKI 基本检索(一框式检索)支持运算符 *、+、-、"、""、()进行同一检索项内多个检索词的组合运算,检索框内输入的内容不得超过 120 个字符。输入运算符 *(与)、+(或)、-(非)时,前后要空一个字符,优先级需用英文半角括号确定。若检索词本身含空格或 *、+、-、()、/、%、=等特殊符号,进行多词组合运算时,为避免歧义,须将检索词用英文半角单引号或英文半角双引号括起来。

CNKI 基本检索(一框式检索)支持结果中检索,在上一次检索结果的范围内按新输入的检索条件进行检索。

二、高级检索

CNKI 高级检索支持多字段逻辑组合。根据需要选择不同字段进行组合检索;并可通过选择精确或模糊的匹配方式、检索控制等方法完成较复杂的检索,得到符合需求的检索结果。多字段组合检索的运算优先级,按照从上到下的顺序依次进行。

(一)高级检索功能区情况

CNKI 数据库高级检索界面(如图 2-2 所示)左侧文献分类导航默认为收起状态,点击展开后勾选所需类别,可缩小和明确文献检索的类别范围。总库高级检索提供 168 个专题导航,是知网基于中国国家图书馆的分类而独创的学科分类体系。年鉴、标准、专利等除 168 个导航外还提供单库检索所需的特色导航。

CNKI 数据库高级检索的检索区主要分为两部分,上半部分为检索条件输入区,下

图 2-2　CNKI 数据库高级检索界面

半部分为检索控制区。检索条件输入区默认显示主题、作者、文献来源三个检索框，可自由选择检索项、检索项间的逻辑关系、检索词匹配方式等。点击检索框后的+、-按钮可添加或删除检索项，最多支持 10 个检索项的组合检索。检索控制区的主要作用是通过条件筛选、时间选择等，对检索结果进行范围控制。控制条件包括出版模式、基金文献、时间范围、检索扩展。检索时默认进行中英文扩展，如果不需要中英文扩展，则手动取消勾选。

　　CNKI 高级检索的检索项包括主题、篇关摘、关键词、篇名、全文、作者、第一作者、通讯作者、作者单位、基金、摘要、小标题、参考文献、分类号、文献来源、DOI。这些检索项含义与 CNKI 基本检索的检索项含义一致。

　　高级检索页面下方为切库区，如图 2-3 所示，点击库名，可切换至某单库高级检索。

图 2-3　CNKI 数据库高级检索切库区

　　CNKI 数据库高级检索与基本检索（一框式检索）的智能推荐和引导功能类似，主要区别是高级检索的主题、篇名、关键词、摘要、全文等内容检索项推荐的是检索词的同义词、上下位词或相关词，一框式检索的检索词推荐的是文献原文的关键词。高级检索的推荐引导功能在页面右侧显示，勾选后进行检索，检索结果为包含检索词或勾选词的全部文献。例如输入"人工智能"，推荐相关的机器智能、决策系统等，可根据检索需求进行勾选，如图 2-4 所示。

　　（二）检索方法

　　高级检索支持使用运算符 ＊、+、-、"、" "、（）进行同一检索项内多个检索词的组合运算，检索框内输入的内容不得超过 120 个字符。输入运算符 ＊（与）、+（或）、-（非）

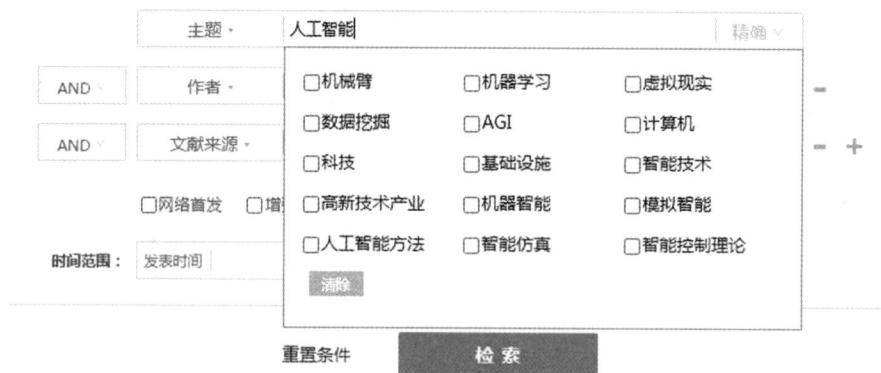

图 2-4　CNKI 数据库高级检索智能推荐检索词

时，前后要空一个字符，优先级需用英文半角括号确定。若检索词本身包含空格或 ＊、+、-、（）、／、%、＝等特殊符号，在进行多词组合运算时，为避免歧义，须将检索词用英文半角单引号或英文半角双引号括起来。

1. 匹配方式

除主题字段只提供相关度匹配外，其他检索项均提供精确、模糊两种匹配方式。篇名、摘要、全文、小标题、参考文献的精确匹配，是指检索词作为一个整体在该检索项中进行匹配，完整包含检索词的结果。模糊匹配，则是检索词在进行分词后在该检索项中的匹配结果。关键词、作者、机构、基金、分类号、文献来源、DOI 的精确匹配，是指关键词、作者、机构、基金、分类号、文献来源或 DOI 与检索词完全一致。模糊匹配，是指关键词、作者、机构、基金、分类号、文献来源或 DOI 包含检索词。

2. 词频选择

使用全文和摘要字段进行检索时，可选择词频，辅助优化检索结果。选择词频数后进行检索，检索结果为在全文或摘要范围内的检索词，且检索词出现次数大于等于所选词频的文献。

3. 同字段组合运算

CNKI 基本检索（一框式检索）、高级检索均支持在同一检索字段内输入 ＊、+、-进行多个检索词的组合运算。

4. 结果中检索

高级检索支持结果中检索，执行后在检索结果区上方显示检索条件，与之前的检索条件间用"AND"连接。

三、专业检索

CNKI 数据库的专业检索功能是指使用运算符和检索词构造检索式进行检索的方式，该方式主要用于图书情报专业人员查新、信息分析等工作，如图 2-5 所示。

专业检索的基本思路就是确定检索字段及构造检索式，借助字段间关系运算符和检索值限定运算符可以构造复杂的检索式。专业检索表达式的一般式为<字段代码><匹配运算符><检索值>。

图 2-5　CNKI 数据库专业检索界面

（一）检索字段

CNKI 数据库专业检索，可以实现对文献总库中以下字段进行检索，包括 SU＝主题，TKA＝篇关摘，KY＝关键词，TI＝篇名，FT＝全文，AU＝作者，FI＝第一作者，RP＝通讯作者，AF＝作者单位，FU＝基金，AB＝摘要，CO＝小标题，RF＝参考文献，CLC＝分类号，LY＝文献来源，DOI＝DOI，CF＝被引频次等。

（二）匹配运算符

CNKI 数据库专业检索的匹配运算符包括＝、％、％＝三个，其中具体功能和适用字段如表 2-1 所列。

表 2-1　CNKI 数据库专业检索匹配运算符

符号	功能	适用字段
＝	＝'str'表示检索与 str 相等的记录	KY、AU、FI、RP、JN、AF、FU、CLC、SN、CN、IB、CF
	＝'str'表示包含完整 str 的记录	TI、AB、FT、RF
％	％'str'表示包含完整 str 的记录	KY、AU、FI、RP、JN、FU
	％'str'表示包含 str 及 str 分词的记录	TI、AB、FT、RF
	％'str'表示一致匹配或与前面部分串匹配的记录	CLC
％＝	％＝'str'表示相关匹配 str 的记录	SU
	％＝'str'表示包含完整 str 的记录	CLC、ISSN、CN、IB

例如：

（1）精确检索关键词包含"视觉识别"的文献：KY＝视觉识别。

（2）模糊检索摘要包含"人工智能应用"的文献：AB％人工智能应用，模糊匹配结果为摘要包含"人工智能"和"应用"的文献，"人工智能"和"应用"两词不分顺序和间隔。

（3）检索主题与"区块链"相关的文献：SU%＝区块链，主题检索推荐使用相关匹配运算符%＝。

（三）比较运算符

CNKI 数据库专业检索的比较运算符包括 BETWEEN、>、<、>=、<=，其中具体功能和适用字段如表 2-2 所列。

表 2-2　CNKI 数据库专业检索比较运算符

符号	功能	适用字段
BETWEEN	BETWEEN('str1'，'str2')表示匹配 str1 与 str2 之间的值	YE
>	大于	YE、CF
<	小于	
>=	大于等于	
<=	小于等于	

例如：

（1）YE BETWEEN（'2020'，'2022'），检索出版年份在 2020 年至 2022 年的文献。

（2）CF>0 或 CF>=1，检索被引频次不为 0 的文献。

（四）逻辑运算符

CNKI 数据库专业检索可以应用逻辑运算符 AND（与）、OR（或）、NOT（非）表达字段间的逻辑关系运算。使用 AND、OR、NOT 可以组合多个字段，构建检索式：<字段代码><匹配运算符><检索值><逻辑运算符><字段代码><匹配运算符><检索值>，逻辑运算符 AND、OR、NOT 前后要有空格。可自由组合逻辑检索式，优先级需用英文半角圆括号确定。CNKI 数据库专业检索的逻辑运算符具体功能如表 2-3 所列。

表 2-3　CNKI 数据库专业检索比较运算符

符号	功能
AND	逻辑与
OR	逻辑或
NOT	逻辑非

例如：

（1）检索"邱均平"发表的关键词包含知识管理的文章，检索式：KY＝'知识管理' AND AU＝'邱均平'。

（2）检索主题与知识管理相关或篇关摘包含知识管理的文献，检索式：SU%＝'知识管理' OR TKA＝'知识管理'。

（3）检索篇名包含大数据，但不是大数据集的文章，检索式：TI＝'大数据' NOT TI＝'大数据集'。

（4）检索"钱伟长"在清华大学或上海大学时发表的文章，检索式：AU＝'钱伟长' AND（AF＝'清华大学' OR AF＝'上海大学'）。

（5）检索"钱伟长"在清华大学期间发表的题名或摘要中包含"物理"的文章，检索式：AU='钱伟长'AND AF='清华大学'AND(TI='物理'OR AB='物理')。

（五）复合运算符

复合运算符主要用于检索关键字的复合表示，可以表达复杂、高效的检索语句。在一个字段内可以用 * 、+ 、-组合多个检索值进行检索，专业检索中 * 、+ 、-前后没有空格。多个复合运算符组合可以用"( )"来改变运算顺序。CNKI 数据库专业检索的复合运算符具体功能如表 2-4 所列。

表 2-4　CNKI 数据库专业检索比较运算符

符号	功能
*	'str1 * str2'：同时包含 str1 和 str2
+	'str1+str2'：包含 str1 或包含 str2
–	'str1-str2'：包含 str1 但不包含 str2

（六）位置运算符

CNKI 数据库专业检索采用的位置运算符适用于字段间的逻辑关系运算。使用这些位置运算符时，需用一组英文半角单引号将检索值及其运算符括起来。#、%、/NEAR N、/PREV N、/AFT N、/SEN N、/PRG N、$ N 是单次对单个检索字段中的两个值进行限定的语法，仅限于两个值，不适用于连接多值进行检索。位置运算符具体功能如表 2-5 所列。

表 2-5　CNKI 数据库专业检索位置运算符

符号	功能	适用字段
#	'STR1#STR2'：表示包含 STR1 和 STR2，且 STR1、STR2 在同一句中	
%	'STR1%STR2'：表示包含 STR1 和 STR2，且 STR1 与 STR2 在同一句中，且 STR1 在 STR2 前面	
/NEAR N	'STR1/NEAR N STR2'：表示包含 STR1 和 STR2，且 STR1 与 STR2 在同一句中，相隔不超过 N 个字词	
/PREV N	'STR1/PREV N STR2'：表示包含 STR1 和 STR2，且 STR1 与 STR2 在同一句中，STR1 在 STR2 前面不超过 N 个字词	
/AFT N	'STR1/AFT N STR2'：表示包含 STR1 和 STR2，且 STR1 与 STR2 在同一句中，STR1 在 STR2 后面且超过 N 个字词	TI、AB、FT
/SEN N	'STR1/SEN N STR2'：表示包含 STR1 和 STR2，且 STR1 与 STR2 在同一段中，且这两个词所在句子的序号差不大于 N	
/PRG N	'STR1/PRG N STR2'：表示包含 STR1 和 STR2，且 STR1 与 STR2 相隔不超过 N 段	
$ N	'STR $ N'：表示所查关键词 STR 最少出现 N 次	

例如：

（1）FT＝'路径规划#优化算法'，表示检索全文某个句子中同时出现"路径规划"和"优化算法"的文献。

（2）FT＝'路径规划%优化算法'，表示检索全文某个句子中同时出现"路径规划"和"优化算法"，且"路径规划"出现在"优化算法"前面的文献。

（3）FT＝'路径规划/NEAR 10 优化算法'，表示检索全文某个句子中同时出现"路径规划"和"优化算法"，且两个词间隔不超过 10 个字词的文献。

（4）FT＝'路径规划/PREV 10 优化算法'，表示检索全文某个句子中同时出现"路径规划"和"优化算法"，"路径规划"出现在"优化算法"前，且间隔不超过 10 个字词的文献。

（5）FT＝'路径规划/AFT 10 优化算法'，表示检索全文中某个句子同时包含"路径规划"和"优化算法"，"路径规划"出现在"优化算法"后，且间隔超过 10 个字词的文献。

（6）FT＝'路径规划/SEN 1 优化算法'，表示检索全文中某个段落同时包含"路径规划"和"优化算法"，且检索词所在句子间隔不超过 1 句的文献。

（7）FT＝'出版/PRG 5 法规'，表示检索全文中包含"出版"和"法规"，且这两个词所在段落间隔不超过 5 段的文献。

（8）FT＝'大数据＄5'，表示检索全文中"大数据"出现至少 5 次的文献。

四、作者发文检索

在高级检索页切换"作者发文检索"标签，可进行作者发文检索，如图 2-6 所示。作者发文检索通过输入作者姓名及单位信息，检索某作者发表的文献，功能及操作与高级检索基本相同。

图 2-6　CNKI 数据库作者发文检索界面

作者发文检索提供的检索字段包括作者、第一作者、通讯作者、作者单位、第一单位。其中，通过作者、第一作者、通讯作者三个字段输入作者姓名，可在右侧引导列表中根据机构名称进行勾选，精准定位。在作者单位、第一单位字段中输入作者单位名称，选择精确或模糊匹配方式，点击检索键，即可按照条件要求检索出相应文献。为了保证检索结果的检全率，一般情况下在作者单位、第一单位字段中常用模糊匹配的方式。

五、句子检索

在高级检索页切换"句子检索"标签，可进行句子检索。句子检索是指通过输入的两个检索词，在全文范围内查找同时包含这两个词的句子，找到有关事实的问题答案。句子检索不支持空检，同句、同段检索时必须输入两个检索词。例如，检索同一句包含"绿色金融"和"普惠金融"的文献，如图2-7所示。

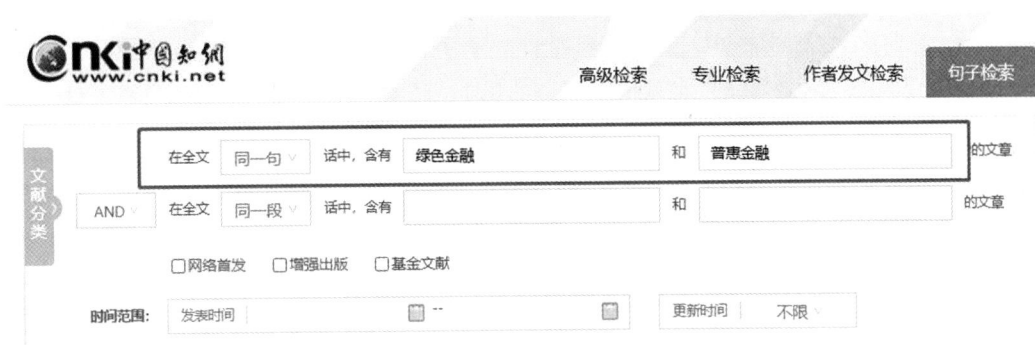

图2-7　CNKI数据库句子检索（1）

句子检索支持同句或同段的组合检索。例如，在全文范围检索同一句中包含"数据"和"挖掘"，并且另一句中同时包含"计算机"和"网络"的文章。检索到的文献，全文中有同一句同时包含"数据"和"挖掘"，并且另一句同时包含"计算机"和"网络"，如图2-8所示。但是，检索结果中的这篇文献，并没有在同一句中同时出现输入的4个检索词。

六、出版物检索

CNKI数据库提供出版物来源导航，主要分为期刊、学术辑刊、学位授予单位、会议、报纸、年鉴、工具书等导航体系。每个导航体系根据各产品独有的特色设置不同的导航系统。导航内容基本覆盖自然科学、工程技术、农业、哲学、医学、人文社会科学等领域，囊括了基础研究、工程技术、行业指导、党政工作、文化生活、科学普及等各种层次。

期刊导航的检索项包括刊名（曾用刊名）、主办单位、ISSN、CN。学术辑刊导航检索项包括辑刊名称、主办单位。学位授予单位导航检索项包括学位授予单位名称、地区。

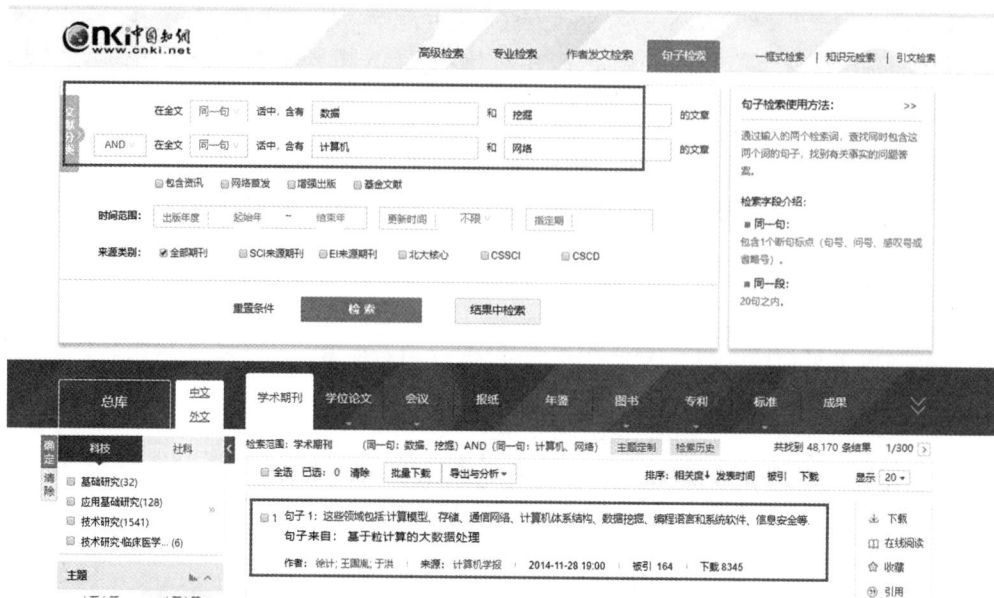

图 2-8　CNKI 数据库句子检索(2)

　　会议导航检索项包括论文集名称、会议名称、主办单位、网络出版投稿人。报纸导航检索项包括报纸名称、地区、主办单位、国内统一刊号。年鉴导航检索项包括年鉴中文名、年鉴英文名、关键词、地域、主编、出版者、ISSN、CN、ISBN。工具书导航检索项包括书名、出版者、作者、地区。与此同时，期刊导航、学术辑刊导航、学位授予单位导航、会议导航辅以学科导航的方式检索，如图 2-9 所示。

图 2-9　CNKI 数据库期刊导航界面

点击期刊名称，进入出版物详细信息界面。出版物详细信息界面提供包括期刊评价信息、期刊等级情况、近年各期期刊浏览等方面信息。通过出版物检索的方式，可以获得准确的出版物信息，进而了解该出版物是否为核心期刊、EI 期刊、SCI 期刊等，例如图 2-10 是《国际金融研究》(ISSN：1006-1029)的基本信息及评价信息，通过 CNKI 数据库的期刊导航检索，该刊属于北大核心、CSSCI、AMI 核心及社科基金资助期刊。

图 2-10　CNKI 数据库期刊详细信息界面

此外，利用期刊导航中的"数据库刊源导航"功能，可以查看被 CA(化学文摘)、IN-SPEC(科学文摘)、EI(工程索引)、CSCD(中国科学引文数据库)、CSSCI(中文社会科学引文索引)等收录的期刊情况。利用期刊导航中的"核心期刊导航"功能，可以查找某一学科领域内的核心期刊情况。利用会议导航检索会议论文集，通过学科导航查找某一学科领域会议论文集情况，进而关注学术动态信息。

七、检索结果分析及利用

以使用 CNKI 数据库检索篇名中含有"数字金融"，主题包含"人才培养"的文献资源为例，如图 2-11 所示，检索时间为 2023 年 3 月 26 日。检索结果显示共计有 13 篇相关文献。点击检索结果界面中的某一具体文献题名，进入该文献详细信息界面。

文献详细信息界面主要包括文献基本信息(题名、作者、机构、摘要、关键词、分类号)、文献下载方式(HTML 阅读、CAJ 下载、PDF 下载)、文献来源信息(期刊中英文名、ISSN、卷期)、利用途径(导出/参考文献、分享、创建引文跟踪、收藏、打印)，以及该文献的知识节点、知识网络和知网节。

如图 2-12 所示，文献详细信息界面提供文献的引文网络情况，包括参考文献、引证文献、共引文献、同被引文献等。参考文献也称"被引用文献"或"被引文"，表明研究的起源和发展(越查越旧)。引证文献是指引用了本文的文献，表明论文的价值，也表明

图 2-11　CNKI 数据库期刊检索结果显示界面

研究的继续和发展（越查越新）。共引文献是指与本文有相同参考文献，有相同研究内容（越查越深）。同被引文献是与本文同时被作为参考文献而引用的文献（越查越新、越深）。

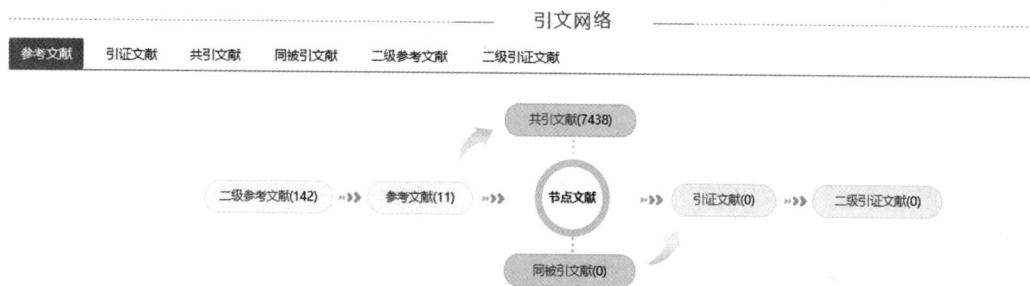

图 2-12　CNKI 数据库期刊文献的引文网络

　　如图 2-13 所示，选中检索结果集中的 13 条文献记录，根据需求可以进行批量下载、导出文献或进行可视化分析。在导出文献中，CNKI 数据库提供了多种文献导出格式，包括《信息文献　参考文献著录规则》（GB/T 7714—2015）格式引文、知网研学（原 E-Study）、CAJ-CD 格式引文、MLA 格式引文、APA 格式引文、查新（引文格式）、查新（自定义引文格式）、Refworks、EndNote、NoteExpress、NoteFirst、自定义。用户可以根据检索需求，选择具体的文献导出格式，将检索结果保存成表格（xls.）、文档（doc.）等。

图 2-13　CNKI 数据库文献导出格式

第三节　实训练习

（1）请使用 CNKI 数据库基本检索功能，查找有关"大学生心理健康教育"方面的学位论文资源。

（2）请使用 CNKI 数据库高级检索功能，查找有关"大学生创新创业政策分析"方面的期刊论文，并对检索结果集按照学科、机构情况进行分析。

（3）请使用 CNKI 数据库高级检索功能，查找有关"'双碳'背景下我国绿色金融发展趋势研究"方面的学术期刊、学位论文、会议论文及报纸资源。

（4）请根据检索字段及逻辑运算符情况，分析 CNKI 数据库的检索式的含义。

① TI = '大数据' AND KY = '数据挖掘' AND（AU%'陈' + '王'）

② SU = '北京' '奥运' AND FT = '场馆设计'

③ SU =（'经济发展' + '绿色经济'） '转变' - '环保'

④ TI = '数据 $ 2'

⑤ KY = xls（'区块链'）AND KY = xls（'金融科技'）

（5）请根据检索课题要求，选择合适的检索字段，尝试编写相应的专业检索式。

检索课题：查找有关 C8051 型号单片机的嵌入式系统方面的资料。

检索字段：SU = 主题，TKA = 篇关摘，KY = 关键词，TI = 篇名，FT = 全文，AU = 作者，FI = 第一作者，RP = 通讯作者，AF = 作者单位，FU = 基金，AB = 摘要，CO = 小标题，RF = 参考文献，CLC = 分类号，LY = 文献来源，DOI = DOI，CF = 被引频次。

（6）请使用 CNKI 数据库的"出版物检索"功能，尝试查找刊名中包含"人工智能"字样的期刊有哪些？

（7）请使用 CNKI 数据库的"出版物检索"功能，尝试查找"计算机科学与技术"专业方向的中文核心期刊有哪些？

（8）请使用 CNKI 数据库的"出版物检索"功能，尝试查找 ISSN 为 1002-7246 的期刊，并判断其是否是中文核心期刊？是否是 CSSCI 来源刊？

（9）请使用 CNKI 数据库检索有关"区块链技术对商业银行业务模式的影响"方面的文献资源，将检索结果集按照被引次数排序，查看影响力排名前三的文献资源类型情况。

（10）请使用 CNKI 数据库将第九题检索结果中的前十篇文献按照《信息与文献　参考文献著录规则》（GB/T 7714—2015）格式导出到表格文件中。

第三章　中文科技期刊数据库检索技巧及应用

第一节　中文科技期刊数据库介绍

一、数据库收录范围

中文科技期刊数据库源于重庆维普资讯有限公司在 1989 年创建的中文科技期刊篇名数据库，是国内大型综合性数据库，学科范围包括社会科学、自然科学、工程技术、农业科学、医药卫生、经济管理、教育科学和图书情报等学科，累计收录期刊 1.5 万余种，现刊 9000 余种，文献总量 7000 余万篇。

重庆维普资讯有限公司成立于 1995 年，公司前身为中国科学技术情报研究所重庆分所数据库研究中心。中心于 1989 年自主研发并推出的中文科技期刊篇名数据库填补了我国学术期刊在计算机信息检索领域的空白，也标志着我国中文期刊的计算机检索技术达到了一个较高水平。针对全国高等院校、公共图书馆、情报研究机构、医院、政府机关、大中型企业等各类用户的需求，重庆维普资讯有限公司又陆续推出了中文科技期刊数据库、中国科技经济新闻数据库、中文科技期刊数据库(引文版)、外文科技期刊数据库、中国科学指标数据库、智立方文献资源发现平台、中文科技期刊评价报告、中国基础教育信息服务平台、维普-google 学术搜索平台、维普考试资源系统、图书馆学科服务平台、文献共享服务平台、维普期刊资源整合服务平台、维普机构知识服务管理系统、文献共享平台、维普论文检测系统等系列产品。

二、数据库著录标准

中文科技期刊数据库是以中文期刊资源保障为核心基础，以数据检索应用为基础，以数据挖掘与分析为特色，面向教、学、产、研等多场景应用的期刊大数据服务平台。采用的著录标准包括《中国图书馆分类法》(第四版)、《检索期刊条目著录规则》(GB 3793—83)、《文献叙词标引规则》(GB/T 3860—1995)等。

作为高效的文献检索平台，中文期刊服务平台采用的检索排序优化和同义词扩展等功能可以提高检索性能；采用多维度对检索结果进行层层筛选，具备详细的聚类组配方式，可以通过引文追踪分析，深入追踪研究课题的来龙去脉，也可以通过详尽的计量分析报告，快速了解和掌握相关领域的研究概貌；数据库还提供完善的全文保障服务，全方位的期刊全文资源获取服务；提供完整的移动解决方案，满足移动端用户的多场景使用需要。

中文科技期刊数据库提供同义词扩展的功能，该功能以《汉语主题词表》（1980年版本）为基础，参考各个学科的主题词表，通过多年的标引实践，编制了规范的关键词用代词表（同义词库），实现了高质量的同义词检索，提高了查全率。数据库还提供参考文献检索功能，可实现与引文数据库的无缝链接操作，在全文库中实现对参考文献的检索。可通过检索参考文献获得源文献，并可查看相应的被引情况、耦合文献等。提供查看参考文献的参考文献（越查越老），以及查看引用文献的引用文献（越查越新）的文献关联漫游使用，提高用户获取知识的效率，并提供有共同引用的耦合文献功能，方便用户对知识追根溯源。

三、数据库标引

中文科技期刊数据库以保障用户在海量数据库使用中的查全率和查准率为用户使用的中心环节，为此在数据标引、辅助索引等方面做了诸多改进。数据库标引是数据库建设的中心环节，标引质量的好坏往往决定着一个数据库质量的高低。维普中文科技期刊数据库采用人机结合的半自动化标引，对标引流程进行严格的规范管理，采用各种通用标引规则，经过多年实践的改进和完善，确保了中文科技期刊数据库标引的高质量。

在分类标引和主题标引时，中文科技期刊数据库采用如下原则。

分类标引：中文科技期刊数据库是唯一以《中国图书馆分类法》（第四版）为分类体系的期刊数据库，根据每篇文献的内容特征进行入类。以每篇文献的内容特征入类，能确保综合类期刊的每篇文献能准确地归入不同的类别，而不是随着期刊的类别被笼统地归入一个不准确的类别。

主题标引：中文科技期刊数据库参照《汉语主题词表》（1980年版本）、《机械工程叙词表》、《化工汉语主题词表》等学科主题词表，并依据《检索期刊条目著录规则》（GB 3793—83）等标引规则进行主题标引。通过规范的标引管理，中文科技期刊数据库的平均标引主题词为3~6个。

人工质检：中文科技期刊数据库由质检组专职人员对题录文摘数据进行检查修改（包括标引和录入错误），以确保原始文本数据的质量。

第二节　中文科技期刊数据库功能及利用

中文科技期刊数据库提供了基本检索和高级检索途径，以便于用户根据检索需要和自身情况选择合适的检索途径对收录的文献资源进行检索。

一、基本检索

中文科技期刊数据库使用一框式检索作为基本检索方式，如图 3-1 所示，用户在首页检索框中输入检索词，点击"检索"即可获得检索结果。用户还可以通过设定检索命中字段，获取最佳检索结果。平台支持题名或关键词、题名、关键词、文摘、作者、第一作者、作者简介、机构、基金、分类号、参考文献、栏目信息、刊名等十余个检索字段。检索框中输入的所有字符均被视为检索词，不支持任何逻辑运算；如果输入逻辑运算符，将被作为检索词或停用词进行处理。

图 3-1　中文科技期刊数据库基本检索界面

二、高级检索

中文科技期刊数据库为熟练用户和专业用户提供了更丰富的检索方式，统称为"高级检索"，具体包括向导式检索和检索式检索。用户可以运用布尔逻辑运算，进行多条件组配检索，一步获取最优检索结果。

向导式检索亦称"组栏式检索"，如图 3-2 所示，是指用户可以运用"与""或""非"的布尔逻辑关系将多个检索词进行组配检索。用户可以对每个检索词分别设定检索命中字段，并且通过时间范围限定、期刊范围限定、学科范围限定来调整检索的数据范围；还可以选择"精确"和"模糊"两种匹配方式，选择是否进行"中英文扩展"和"同义词扩展"，通过更多的检索前条件限定，获得最佳的检索结果。

如图 3-2 所示，检索框中支持"并且"（AND／and／＊）、"或者"（OR／or／＋）、"非"（NOT／not／－）三种简单逻辑运算。逻辑运算符 AND、OR、NOT，前后必须空一格；逻辑

图 3-2　中文科技期刊数据库高级检索界面

运算符优先级为 NOT>AND>OR，而且可通过英文半角括号进一步提高优先级；表达式中，检索内容包含 AND/and、NOT/not、OR/or、*、-等运算符或特殊字符检索时，必须加半角引号单独处理，如 " multi-display" " C++" 。如果要精确检索，则需要使用检索框后方的"精确"选项。

　　检索式检索是提供给专业级用户进行数据库检索的。用户可以自行在检索框中利用字段标识符、逻辑运算符与检索词构建逻辑表达式进行检索。该种检索方式也可以支持用户通过选择时间范围、期刊范围、学科范围等检索限定条件来控制检索命中的数据范围，如图 3-3 所示。

图 3-3　中文科技期刊数据库检索式检索界面

在使用中文科技期刊数据库的检索式检索方式时，需要注意逻辑运算符和检索字段情况。如表 3-1 所列，逻辑运算符 AND、OR、NOT 可兼容大小写；逻辑运算符优先级为（ ）>NOT>AND>OR；所有逻辑运算符必须在英文半角状态下输入，前后须空一格；英文半角状态下双引号""表示精确检索，检索词不做分词处理，作为整个词组进行检索，以提高检索的准确性。

表 3-1　中文科技期刊数据库逻辑运算符对照表

逻辑关系	并且、与	或者	不包含、非
运算符	AND/and/ *	OR/or/+	NOT/not/-

如表 3-2 所列，中文科技期刊数据库使用不同的字母作为字段标识，代表不同的字段。在使用检索式检索时，需要根据需要选择合适的字段标识。字段标识符必须为大写字母，每种检索字段前，必须带有字段标识符，相同字段检索词可共用字段标识符。

表 3-2　中文科技期刊数据库字段标识符对照表

符号	代表字段	符号	代表字段
U	任意字段	S	机构
M	题名或关键词	J	刊名
K	关键词	F	第一作者
A	作者	T	题名
C	分类号	R	文摘

三、检索结果应用

中文科技期刊数据库提供了基于检索结果的二次检索功能、分面聚类筛选、多种排序方式，以方便用户快速找到目标文献。如图 3-4 所示，在检索结果界面中，平台提供二次检索功能，可以在已有检索结果的基础上，通过"在结果中检索"选定特定检索内容，或者通过"在结果中去除"摒弃特定检索内容，缩小检索范围，进一步精炼检索结果。在检索结果聚类分析方面，平台提供了基于检索结果的年份、所属学科、期刊收录、相关主题、期刊、发文作者和相关机构的分面聚类功能，各聚类项执行"且"的检索逻辑，用户可以通过点击相关聚类项，进行结果的聚类筛选。在检索结果排序方式方面，平台提供相关度排序、被引量排序和时效性排序三种排序方式，用户可以从不同维度对检索结果进行梳理。

在文献选择方式上，平台提供已选文献集合的文献管理功能，用户可以对已勾选内容进行题录导出和计量分析。对于文献题录的导出方式，平台支持文献题录信息的导出功能，支持的导出格式有文本、查新格式、参考文献、XML、NoteExpress、Refworks、End-Note、Note First、自定义导出、Excel 导出。用户可以勾选目标文献，点击"导出"，选择导出格式来实现此功能。

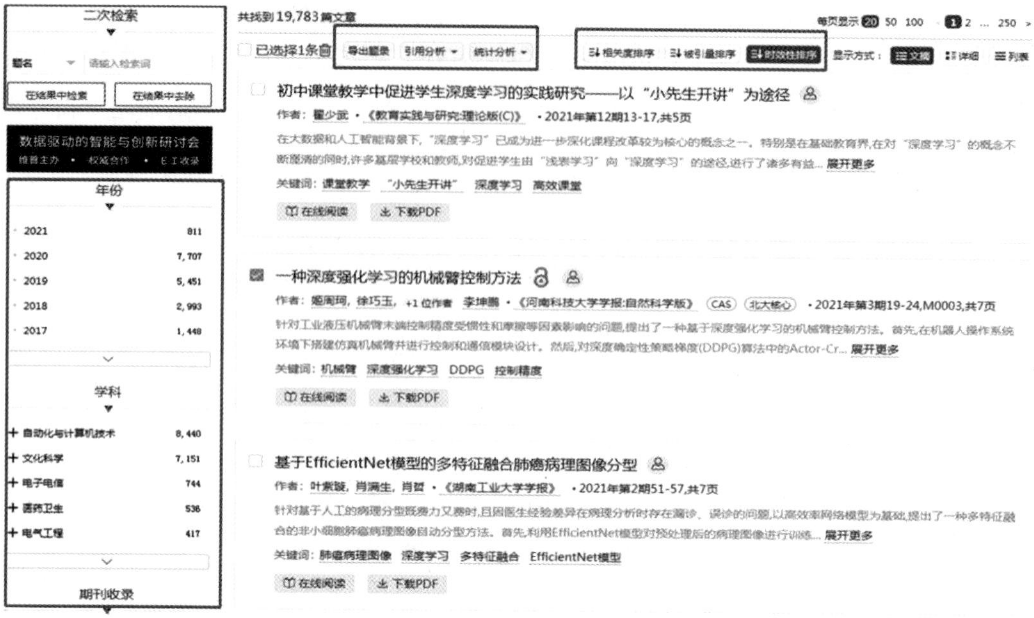

图 3-4　中文科技期刊数据库检索结果集显示

此外，平台提供引用分析功能，可对单篇或多篇文献题录的参考文献和引证文献进行汇总分析，同样以查询结果的形式返回具体数据，帮助用户有效梳理研究主题的来龙去脉。平台提供统计分析功能，提供对"检索结果"和"已选文献集合"的统计分析功能，分析文献集合的年份、发文作者、发文机构、发文期刊、发文领域等多维度的分布情况。平台支持文摘、详细和列表三种文献查看方式，用户可以按需进行视图切换。可以在题录列表中详细浏览文献的题录信息，根据显示方式的不同，文献题录显示详略不一，主要有题名、作者、机构、来源和期次等。平台提供在线阅读、下载 PDF、原文传递、OA 全文链接等多途径的全文保障模式。

在检索结果页面，点击题名，即可查看当前文献的详细信息，并进一步实现与文献相关的多种操作。如图 3-5 所示，文献详情页提供文献题录相关字段的中英文对照，可获取该篇文献的详细题录信息，点击字段所附链接，即可获得对应的字段检索内容。平台提供"在线阅读""下载 PDF""OA 全文链接"等获取文献的方式。用户可点击收藏按钮将文章收藏到个人中心，也可以将文章快速分享到微信、微博、QQ 等社交平台。

中文科技期刊数据库在文献详情信息中提供了该篇文献的引文网络情况，如图 3-6 所示，厘清一篇文章从创作到引用的整个情况，既能回溯该篇文章参考文献的参考文献，也能查询该篇文章引证文献的引证文献。点击相关引文链接，即可定位到相关引文列表。

参考文献是指作者写作文章时引用或参考的文献，反映该文章研究工作的背景和依据。

一种深度强化学习的机械臂控制方法 🔓 👤认领

Robot Arm Control Method of Deep Reinforcement Learning

📖 在线阅读　⬇ 下载PDF　　　　　　　　　　　　66 ☆ ⌘

摘　要：针对工业液压机械臂末端控制精度受惯性和摩擦等因素影响的问题,提出了一种基于深度强化学习的机械臂控制方法。首先,在机器人操作系统环境下搭建仿真机械臂并进行控制和通信模块设计。然后,对深度确定性策略梯度(DDPG)算法中的A...展开更多

Aiming at the problem that the control accuracy of the end of industrial hydraulic robot arm was affected by inertia,friction and other factors,the robot arm control method based on deep reinforcement learning was proposed.Firstly,the simulated robot arm was built under...MORE

作　者：姬周珂、徐巧玉、王军委、李坤鹏

JI Zhouke;XU Qiaoyu;WANG Junwei;LI Kunpeng(Mechatronics Engineering School,Henan University of Science&Technology,Luoyang 471003,China;Luoyang GINGKO Technology Co.,Ltd.,Luoyang 471003,China)

机构地区：河南科技大学机电工程学院, 洛阳银杏科技有限公司

出　处：《河南科技大学学报：自然科学版》 CAS 北大核心 · 2021年第3期19-24,M0003,共7页

基　金：国家自然科学基金项目(51205108)河南省高等学校重点科研基金项目(15A535001)。

关 键 词：机械臂 深度强化学习 DDPG 控制精度

robot arm　deep reinforcement learning　DDPG　control accuracy

分 类 号：TP241 [自动化与计算机技术—检测技术与自动化装置] ;

图 3-5　中文科技期刊数据库文献详情页

引文网络　相关文献

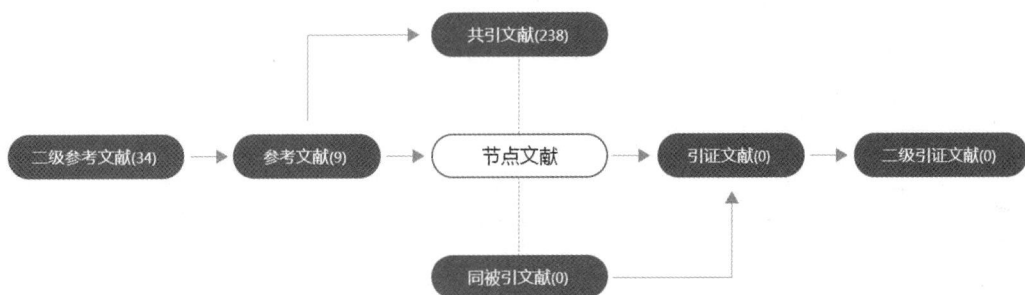

图 3-6　中文科技期刊数据库文献引文网络

二级参考文献是指文章参考文献的参考文献,是进一步追溯文章研究领域的背景和依据,能够反映文章研究工作的源流。

引证文献是指引用该文章的文献,是文章研究工作领域的继续、应用、发展或评价。

二级引证文献是指该文章引证文献的引证文献,能够更进一步反映文章研究工作的继续、发展或评价。

同被引文献是指与该文章同时被作为参考文献引用的文献,与该文章共同作为进一步研究的基础。

共引文献是指两篇文献被一篇(后来发表的)文献同时参考引用。

相关文献是指提供与本文献研究领域相关的文献推荐,用户可以点击相关文献题名,获取相关文献信息。

四、期刊导航

中文科技期刊数据库提供期刊导航功能，如图 3-7 所示。点击页面顶部导航区的"期刊导航"链接，或页面上方检索框后的"期刊导航"按钮，均可进入期刊导航页面。界面中显示的期刊收录数据是检索时的期刊收录种数。

图 3-7 中文科技期刊数据库期刊导航界面

期刊检索功能可以通过选择合适的检索字段来实现对期刊资源的检索与利用。平台支持的检索字段包括刊名、ISSN、CN、主办单位、主编、邮发代号。

期刊导航界面提供聚类筛选功能，包括核心刊导航、国内外数据库收录导航、地区导航、主题导航多种期刊聚类方式，方便用户按照需求选择具体的期刊导航方式。

按照首字母查找的方式，可以通过期刊名称首字母查找期刊。按照学科浏览的方法，可以通过学科类别的方式浏览期刊。

如图 3-8 所示，进入期刊详情页，即可获得与该刊相关的各种信息。点击即可查看该期刊各期次的封面、封底及目录信息。查看期刊发文作品详情，点击期刊关注按钮，进入个人中心即可对以往已关注期刊进行查阅。用户可以将期刊快速分享到微信、微博、QQ 等社交平台。点击查看期刊计量分析报告，同时支持导出该分析报告。查看期刊的详尽信息，包括曾用名、主办单位、ISSN 等基本信息，以及期刊的获奖情况、国内外数据库收录情况等。

期刊详情对该期刊的期刊信息、期刊简介和收录情况做了详细的叙述。

收录汇总则对期刊的历年收录文献的期次及每期具体收录内容做了详细有序的展示。

发表作品采用文章结果详情的页面结构，对期刊收录的所有发表文章进行了详尽的展示，用户可以根据搜索和聚类查看所需文章。

发文分析能完整透析出期刊学术成果及相关发文对象的统计，还能将整个分析数据一键导出 PDF，供用户使用。

评价报告整合了近十年来期刊学术评价指标的分析数据，引用期刊领域权威的学术分析指标。

图 3-8　中文科技期刊数据库期刊详情页

五、期刊评价报告

中文科技期刊数据库提供期刊评价报告功能，该功能以 8000 余种期刊作为来源期刊进行引文加工，涉及学科领域包括工业技术、医药卫生、农业科学、数理化及生物、天文地球、环境科学、交通运输、航空航天、经济管理、文教体育、图书情报、政治法律、人文社科等。

期刊评价报告包括以下分析指标。

1. 总被引频次（total cited frequency）

总被引频次指的是期刊自创刊以来所登载的全部论文在统计当年被引用的总次数，可以显示该期刊被使用和受重视的程度，以及在科学交流中的作用和地位。

2. 期刊影响因子（impact factor，IF）

期刊影响因子指的是期刊前两年发表的论文在评价当年每篇论文被引用的平均次

数，用以反映近年该期刊的学术影响力及近期在科学发展和文献交流中所起的作用。

3. 立即指数（immediacy index）

立即指数是指期刊在评价当年发表的论文，每篇被引用的平均次数，可测度期刊论文被利用的速度，以及期刊对学科发展过程中新的科学问题的快速反应程度。

4. 被引半衰期（cited half-life）

被引半衰期是指某一期刊论文在某年被引用的全部次数中，较新的一半被引论文发表的时间跨度，反映期刊文献老化的速度。

5. 引用半衰期（citing half-life）

引用半衰期是指某种期刊在某年中所引用的全部参考文献中较新的一半是在最近多少年时段内发表的，表明该刊对（引用）多长时期内发表的参考文献特别感兴趣。

6. 期刊他引率（citation rates by others）

期刊他引率是指期刊被他刊引用的次数占该刊总被引次数的比例，用以测度某期刊学术交流的广度、专业面的宽度及学科的交叉程度。

7. 平均引文率（average citation rates）

平均引文率是指在给定的时间内，期刊篇均参考文献量，用以测度期刊的平均引文水平，考察期刊吸收信息的能力及科学交流的程度。

如图3-9所示，中文科技期刊数据库期刊评价报告可以按照学科、地区、年份查找期刊评价报告，或者使用刊名、ISSN、CN直接检索期刊评价报告。

	期刊名	ISSN	发文量	被引量	影响因子	立即指数	期刊他引率	平均引文率	被引半衰期	引用半衰期
1	管理世界	1002-5502	175	28501	16.9	3.69	0.98	61.6	6.24	5.14
2	中国工业经济	1006-480X	119	17054	15.95	2.36	0.98	47.2	5.06	4.57
3	经济研究	0577-9154	150	34444	14.43	1.44	0.98	46.3	7.55	5.88
4	中国农村经济	1002-8870	91	8676	11.77	1.87	0.97	45.3	4.63	5.03
5	中国社会科学	1002-4921	121	15913	10.42	2.45	0.99	56.9	7.69	6.16
6	改革	1003-7543	142	6407	10.36	2.98	0.97	24.9	2.74	3.23
7	中国法学	1003-1707	89	8817	9.63	2.84	0.99	65.6	6.36	5.08
8	法学研究	1002-896X	70	7057	9.2	1.89	0.99	78.1	7.15	6.04
9	比较法研究	1004-8561	77	3409	8.88	2.97	0.98	64.4	3.17	3.78
10	中国图书馆学报	1001-8867	56	3766	8.58	1.89	0.97	38	5.6	5.56

图3-9　中文科技期刊数据库期刊评价报告

第三节　实训练习

（1）请使用中文科技期刊数据库，查找有关"供应链金融"方面的文献资源，并对检索结果按照被引量从高到低排序。

（2）请使用中文科技期刊数据库的二次检索功能，查找文献题名中包括"供应链金融"和"数字化"的文献资源，将检索结果按照时效性排序。

（3）请使用中文科技期刊数据库的高级检索功能，查找有关"涉外企业汇率风险管理"方面的文献资源。

（4）请使用中文科技期刊数据库的检索式检索功能，根据检索课题要求，选择合适的检索字段，编写检索式

检索课题：查找有关"涉外企业汇率风险管理"方面的文献资源。

检索字段：U＝任意字段、M＝题名或关键词、K＝关键词、A＝作者、C＝分类号、S＝机构、J＝刊名、F＝第一作者、T＝题名、R＝文摘。

（5）请使用中文科技期刊数据库查找近5年以来银行机构相关学者发表的有关"绿色金融"和"普惠金融"方面的文献资源。

（6）请使用中文科技期刊数据库查找"绿色金融"和"普惠金融"领域方面发表在北大核心期刊上的文献资源。

（7）请使用中文科技期刊数据库查找经济学领域被引量排名前三的期刊情况。

（8）请根据检索字段及逻辑运算符情况，分析中文科技期刊数据库的检索式的含义。

① S＝中国人民大学 AND K＝资产配置

② （K＝（CAD OR CAM）OR T＝雷达）AND R＝机械 NOT K＝模具

第四章　万方数据知识服务平台检索技巧及应用

第一节　万方数据知识服务平台介绍

一、数据库资源类型

万方数据知识服务平台是由北京万方数据股份有限公司建立的国内大规模的综合信息数据库系统,具有很高的参考价值和检索价值。它是建立在互联网上的大型科技、商务信息平台,内容涉及自然科学和社会科学中的各大专业领域。通过万方数据知识服务平台可以检索到的资源类型主要包括期刊、论文、会议、专利、科技报告、科技成果、标准、法律法规、地方志、视频等。

1993年,北京万方数据公司成立,成为国内第一家专业数据库公司。1997年,万方数据(集团)公司成立;国内第一家科技信息网站——中国科技情报网对外服务。2000年,在原万方数据(集团)公司的基础上,中国科学技术信息研究所联合中国文化产业投资基金、中国科技出版传媒有限公司、北京知金科技投资有限公司、四川省科技信息研究所和科技文献出版社五家单位共同发起、成立"北京万方数据股份有限公司",并在北京、上海、深圳、武汉、沈阳、西安成立分公司,推出"万方数据资源镜像系统"。

(1)万方数据新一代知识服务平台——万方数据知识服务平台整合海量学术文献,构建多种服务系统,是学习与探索、科研与创新、决策与管理过程的好帮手。

(2)万方文献相似性检测服务——提供科学、客观、准确的检测结果,更专业、更精细的场景化服务。

(3)万方医学信息服务平台——提供全面精准的医学信息资源整合发现服务,中西医结合一体化临床诊疗知识服务,高效深入的多维度数据统计分析服务。

(4)企业产品——技术创新知识服务平台,行业知识服务系统,标准管理服务系统,内部知识构建系统,科研项目知识管理系统,企业竞争情报解决方案,企业知识管理解决方案,大数据决策支持系统。

表 4-1　万方数据知识服务平台资源类型情况

资源类型	数量	内容介绍
期刊	共 153019375 条（2023 年 3 月 22 日更新 28080 条）	期刊资源包括国内期刊和国外期刊：国内期刊共 8000 余种，涵盖自然科学、工程技术、医药卫生、农业科学、哲学政法、社会科学、科教文艺等多个学科；国外期刊共包含 4 万余种世界各国出版的重要学术期刊，主要来源于 NSTL 外文文献数据库及数十家著名学术出版机构，以及 DOAJ、PubMed 等知名开放获取平台
学位	共 6046927 条（2023 年 3 月 8 日更新 51892 条）	学位论文资源主要包括中文学位论文，学位论文收录始于 1980 年，年增 30 万余篇，涵盖基础科学、理学、工业技术、人文科学、社会科学、医药卫生、农业科学、交通运输、航空航天、环境科学等各学科领域。文献收录来源：经批准可以授予学位的高等学校或科学研究机构
会议	共 15143769 条（2023 年 3 月 7 日更新 5490 条）	会议资源包括中文会议和外文会议。中文会议收录始于 1982 年，年收集 3000 多个重要学术会议，年增 20 万篇论文；外文会议主要来源于 NSTL 外文文献数据库，收录了 1985 年以来世界各主要学协会、出版机构出版的学术会议论文全文共计 766 万篇（部分文献有少量回溯）
专利	共 150058907 条（2023 年 3 月 2 日更新 325820 条）	涵盖超过一亿条专利数据，范围覆盖十一国两组织专利。其中中国专利 2200 万余条，收录时间始于 1985 年；外国专利 8000 万余条，最早可追溯到 18 世纪 80 年代
科技报告	共 1268117 条（2022 年 1 月 18 日更新 88676 条）	科技报告资源包括中文科技报告和外文科技报告。中文科技报告收录始于 1966 年，源于中华人民共和国科学技术部，共计 2.6 万余份；外文科技报告收录始于 1958 年，源于美国政府四大科技报告（AD、DE、NASA、PB），共计 110 万余份
科技成果	共 644892 条（2023 年 3 月 2 日更新 1688 条）	科技成果源于中国科技成果数据库，收录了自 1978 年以来国家和地方主要科技计划、科技奖励成果，以及企业、高等院校和科研院所等单位的科技成果信息，共计 64 万余项
标准	共 2480958 条（2023 年 1 月 11 日更新 1604 条）	标准资源来源于中外标准数据库，涵盖了中国标准、国际标准及各国标准等在内的 200 余万条记录，综合了中国质检出版社等单位提供的标准数据。全文数据来源于中国质检出版社、机械工业出版社等标准出版单位。国际标准来源于科睿唯安国际标准数据库，涵盖国际及国外先进标准，包含超过 55 万件标准相关文档，涵盖各个行业
法律法规	共 1464034 条（2023 年 1 月 11 日更新 24866 条）	法规资源涵盖了国家法律、行政法规、部门规章、司法解释及其他规范性文件，信息来源权威、专业

表4-1(续)

资源类型	数量	内容介绍
地方志	共 14557113 条（2022 年 11 月 21 日更新 225526 条）	地方志，简称"方志"，即按照一定体例，全面记载某一时期某一地域的自然、社会、政治、经济、文化等方面情况或特定事项的书籍文献。通常按照年代分为新方志、旧方志，新方志收录于始于 1949 年，共计 4.7 万册，旧方志收录于新中国成立之前，共计 8600 余种，10 万多卷
视频	共 30241 条（2022 年 9 月 30 日更新 2026 条）	万方视频是以科技、教育、文化为主要内容的学术视频知识服务系统，现已推出高校课程、会议报告、考试辅导、医学实践、管理讲座、科普视频、高清海外纪录片等适合各类人群使用的精品视频。已收录视频 3.3 万余部，近 100 万分钟

二、数据库收录范围

通过万方数据知识服务平台可以检索到的数据库主要包括两种类型：万方数据库各子库系统和第三方合作数据库。

其中，万方数据知识服务平台各子库系统主要包括中国学术期刊数据库、中国学位论文全文数据库、中国学术会议文献数据库、中外科技报告数据库、中外专利数据库、中国科技成果数据库、中外标准数据库、中国法律法规数据库、中国地方志数据库、万方视频、国内外文献保障服务数据库、中国机构数据库、中国科技专家库。

第三方合作数据库主要包括 NSTL 外文文献数据库、科睿唯安国际标准数据库、剑桥大学出版社（Cambridge University Press）数据库、国家哲学社会科学学术期刊数据库（national social sciences database）、中国科技论文在线电子预印本文献（ArXiv）、数据库开放获取期刊目录（directory of open access journals）、斯坦福大学图书馆（HighWire Press）数据库、开放存取期刊门户（open J-Gate）数据库、科学学者（scientific scholar）数据库等众多第三合作数据库。

1. 中国学术期刊数据库（China online journals，COJ）收录范围

中国学术期刊数据库收录始于 1998 年，包含 8000 余种期刊，其中包含北京大学、中国科学技术信息研究所、中国科学院文献情报中心、南京大学、中国社会科学院历年收录的核心期刊 3300 余种，年增 300 万篇，周更新 2 次，涵盖自然科学、工程技术、医药卫生、农业科学、哲学政法、社会科学、科教文艺等学科。

2. 中国学位论文全文数据库（China dissertations database）收录范围

中国学位论文全文数据库收录始于 1980 年，年增 30 余万篇，涵盖基础科学、理学、工业技术、人文科学、社会科学、医药卫生、农业科学、交通运输、航空航天和环境科学等学科领域。

3. 中国学术会议文献数据库（China conference proceedings database）收录范围

中国学术会议文献数据库中的会议资源包括中文会议和外文会议，中文会议收录始

于 1982 年，年收集约 3000 个重要学术会议，年增约 20 万篇论文，每月更新；外文会议主要来源于 NSTL 外文文献数据库，数据库收录了 1985 年以来世界各主要学协会、出版机构出版的学术会议论文全文共计 766 万篇（部分文献有少量回溯）。

4. 中外科技报告数据库收录范围

中外科技报告数据库包括中文科技报告和外文科技报告。中文科技报告收录始于 1966 年，源于中华人民共和国科学技术部，共计 2.6 万余份。外文科技报告收录始于 1958 年，涵盖美国政府四大科技报告（AD、DE、NASA、PB），共计 110 万余份。

5. 中外专利数据库（wanfang patent database，WFPD）收录范围

中外专利数据库涵盖 1.3 亿余条国内外专利数据。其中，中国专利收录始于 1985 年，共收录 3300 万余条专利全文，可本地下载专利说明书，数据与国家知识产权局保持同步，包含发明专利、外观设计和实用新型三种类型，准确地反映出中国最新的专利申请和授权状况，每月新增 30 万余条。国外专利 1 亿余条，均提供欧洲专利局网站的专利说明书全文链接。收录范围涉及中国、美国、日本、英国、德国、法国、瑞士、俄罗斯、韩国、加拿大、澳大利亚、世界知识产权组织、欧洲专利局十一国两组织数据，每年新增 300 万余条。

6. 中国科技成果数据库（China scientific & technological achievements database）收录范围

中国科技成果数据库收录了自 1978 年以来国家和地方主要科技计划、科技奖励成果，以及企业、高等院校和科研院所等单位的科技成果信息，涵盖新技术、新产品、新工艺、新材料、新设计等众多学科领域，共计 90 余万项。数据库每两月更新一次，年新增数据 1 万条以上。

7. 中外标准数据库（China standards database）收录范围

中外标准数据库收录了所有中国国家标准（GB）、中国行业标准（HB），以及中外标准题录摘要数据，共计 200 余万条记录，其中中国国家标准全文数据内容来源于中国质检出版社，中国行业标准全文数据收录了机械、建材、地震、通信标准，以及由中国质检出版社授权的部分行业标准。

8. 中国法律法规数据库（China laws & regulations database）收录范围

中国法律法规数据库收录始于 1949 年，涵盖国家法律法规、行政法规、地方法规、国际条约及惯例、司法解释、合同范本等，具有权威性、专业性。每月更新，年新增量不少于 8 万条。

9. 中国地方志数据库（China local gazetteers database，CLGD）收录范围

地方志，简称"方志"，即按照一定体例，全面记载某一时期某一地域的自然、社会、政治、经济、文化等方面情况或特定事项的书籍文献。通常按照年代分为新方志、旧方志。中国地方志数据库收录的新方志收录始于 1949 年，共计 4.7 万册；收录的旧方志来自新中国成立之前，共计 8600 余种，10 万多卷。

10. 万方视频收录范围

万方视频是以科技、教育、文化为主要内容的学术视频知识服务系统，现已推出高校课程、会议报告、考试辅导、医学实践、管理讲座、科普视频、高清海外纪录片等适合各类人群使用的精品视频。截至 2021 年 12 月，已收录视频 3.3 万余部，近 100 万分钟。

11. 国内外文献保障服务数据库收录范围

国内外文献保障服务是万方数据与国家工程技术图书馆合作开发的文献传递服务，系统收藏工程技术、高技术等各个学科领域的科技文献，包括电子和自动化技术、计算机和网络技术、材料科学、环境科学、航空航天、生物工程、能源动力、交通运输、建筑、水利和一般工业技术等，兼有基础科学、农业科学、医药卫生、社会科学领域。该系统收藏的文献以英文文献为主，兼顾少量的日文、德文、俄文和法文文献。

12. 中国机构数据库收录范围

中国机构数据库是收录中国企业、公司及产品的数据库，收录国内企业信息；中国科研机构数据库，收录国内科研机构信息；中国科技信息机构数据库，收录我国科技情报信息研究机构、高校图书馆信息服务机构信息；中国中高等教育机构数据库收录国内中高等教育学校信息等。

13. 中国科技专家库收录范围

中国科技专家库收录了国内自然科学技术领域的专家名人信息，介绍了各专家在相关研究领域内的研究内容及取得的进展，为国内外相关研究人员提供检索服务，有助于用户掌握相关研究领域的前沿信息。该数据库的主要字段包括姓名、性别、工作单位、工作职务、教育背景、专业领域、研究方向、研究成果、专家荣誉、获奖情况、发表的专著和论文等三十多个。

第二节　万方数据知识服务平台功能及利用

一、检索语言

万方数据知识服务平台应用的检索语言为 PairQuery，也就是 PQ 表达式。PQ 表达式的基本用法如图 4-1 所示，每个 PQ 表达式由多个空格分隔的部分组成，每个部分称为一个 Pair，每个 Pair 由冒号分隔符：分隔为左右两部分。：左侧为限定的检索字段，右侧为要检索的词或短语。

PQ 表达式检索时，在检索词部分使用英文半角状态下引号""或书名号《》括起来，表示精确匹配。例如作者:"张晓"，表示作者字段中含有并且只含有"张晓"的结果。PairQuery 中的符号(空格、冒号、引号、横线)可任意使用全角、半角符号及任意的组合形式。

```
检索字段 : 检索词
```

图 4-1　万方数据知识服务平台 PQ 表达式

在 PQ 表达式检索日期范围时，采用 Date：1998—2003 的形式，"—"前后分别代表限定的年度上下限，上限和下限可以省略一个，代表没有上限或下限，但"—"不可省略。

万方数据知识服务平台提供了基本检索、高级检索、专业检索和作者发文检索等方式，便于用户根据检索需要和自身情况选择合适的检索途径对文献资源进行检索。上述检索方式均支持 PQ 表达式。

二、基本检索

万方数据知识服务平台的基本检索也可以称为"一框式检索"，检索界面如图 4-2 所示。检索框左侧可以选择资源类型(包括期刊、学位、会议、专利、科技报告、成果、标准、法规、地方志、视频)，实现分类型检索；在检索框内直接输入检索式进行检索；支持跨语言检索，例如，在检索框内输入检索式"题名：information"，检索出的结果包括中文、英文、日文、朝鲜文、德文、法文等多个语种的检索结果，并实现混合排序。在结果页面选择需要的语种，即可筛选出对应的文献资源。

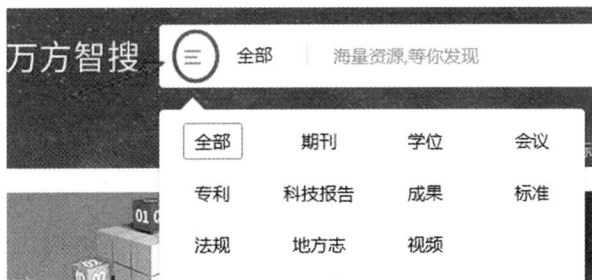

图 4-2　万方数据知识服务平台基本检索界面

用户选择资源类型后，在首页检索框中点击鼠标，出现该资源类型对应的检索字段，例如选择"期刊"资源，则对应的检索字段为题名、作者、作者单位、关键词、摘要、刊名、基金、中图分类号等。选择需要使用的字段信息，输入检索词，点击"搜论文"即可获得检索结果。

不同的资源类型，对应的检索字段不同，如表 4-2 所列。期刊论文类型资源包含的检索字段有题名、作者、作者单位、关键词、摘要、刊名、基金、中图分类号等。学位论文类型资源包含的检索字段有题名、作者、学位授予单位、关键词、摘要、专业、导师、中图分类号等。会议文献类型资源包含的检索字段有题名、作者、作者单位、关键词、摘要、会议名称、主办单位、中图分类号等。专利文献类型资源包含的检索字段有题名、摘要、申请号/专利号、公开号/公告号、申请人/专利权人、发明人/设计人、主分类号、分类号等。科技报告类型资源包含的检索字段有题名、作者、作者单位、关键词、摘要、计划名称、项目名称等。科技成果类型资源包含的检索字段有题名、完成人、完成单位、关键词、摘要、中图分类号等。

表4-2　万方数据知识服务平台检索字段情况

资源类型	检索字段
期刊论文	作者、论文标题、作者单位、中图分类号、来源、关键词、摘要、发表日期等检索项
学位论文	标题、作者、导师、关键词、摘要、学校、专业、发表日期等检索项
会议论文	作者、论文标题、中图分类号、关键词、摘要、会议名称、主办单位、会议时间等检索项
专利	申请号、申请日期、公开号、专利名称、摘要、主分类号、分类号、申请人、发明人、代理机构、代理人、主权项、国别省市代码等检索项
标准	标准类型、标准号、标题、关键词、发布单位、起草单位、中国标准分类号、国际标准分类号等检索项
成果	成果名称、完成单位、关键词、摘要、公布时间、所在地区、鉴定时间、成果类别、成果水平、成果密级等检索项
法规	发文文号、标题、颁布部门、效力级别、效力代码、内容分类、内容分类码、行业分类、终审法院、批准日期、签字日期、颁布日期、实施日期、失效日期等检索项
科技报告	题名、作者、作者单位、关键词、摘要、计划名称、项目名称等检索项
地方志	正文、题名、编纂人员、编纂单位等检索项

万方数据知识服务平台支持逻辑运算符、双引号及特定符号的限定检索。逻辑运算符存在优先级，优先级顺序为( )>not>and>or；运算符建议使用英文半角输入形式。

表4-3　万方数据知识服务平台运算符

运算符	检索含义	检索举例
AND/and	逻辑与运算，同时出现在文献中	主题：(信息管理)and 作者：(马费成)
OR/or	逻辑或运算，其中一个或同时出现在文献中	题名：(信息管理)or 摘要：(武汉大学)
NOT/not	逻辑非运算，后面的词不出现在文献中	题名或关键词：(信息管理 not 信息服务)
" "	精确匹配，引号中的词作为整体进行检索	题名：("信息管理")
( )	限定检索顺序，括号内容作为一个子查询	题名：((信息管理 not 信息服务)and 图书馆)

三、高级检索

万方数据知识服务平台为熟练用户提供高级检索方式，如图4-3所示，用户可以运用布尔逻辑运算，进行多条件组配检索，一步获取最优检索结果。高级检索可以运用"与""或""非"的布尔逻辑关系将多个检索词进行组配检索。用户可以对每个检索词分别设定检索命中字段，并且通过文献类型、发表时间来限定检索的范围；还可以选择字段中"精确"和"模糊"两种匹配方式；通过智能检索中"中英文扩展"和"主题词扩展",来扩大检索范围,获得最佳的检索结果。

万方数据知识服务平台高级检索界面如图4-3所示,平台不支持运算符(＊、+、^)的检索,需要用 and/or/not(大小写均可)代替,(＊、+、^)将会被视为普通检索词。

高级检索运算顺序:(((第一字段 & 第二字段)& 第三字段)& 第四字段)& 第五字段……

图4-3 万方数据知识服务平台高级检索界面

四、专业检索

万方数据知识服务平台为专业用户提供了专业检索方式,根据检索字段和逻辑关系,运用 PQ 表达式进行检索。不同的文献类型在专业检索中有不同的检索字段。期刊论文检索字段包括基金、中图分类号、期刊名称/刊名、ISSN/CN、期。学位论文检索字段包括专业、中图分类号、学位授予单位、导师、学位。会议论文检索字段包括中图分类号、会议名称、主办单位。专利检索字段包括申请/专利号、专利权人、公开/公告号、主权项、优先权、申请日、公开日、主分类号、分类号、代理人、代理机构。中外标准检索字段包括标准编号、发布单位、中国标准分类号、国际标准分类号。科技成果检索字段包括省市、类别、成果水平、成果密级、获奖情况、行业分类、鉴定单位、申报单位、登记部门、联系单位、联系人。法律法规检索字段包括发文文号、效力级别、颁布部门、时效性、终审法院。科技报告检索字段包括计划名称、项目名称。新方志检索字段包括编纂人员、编纂单位、出版单位。

如图4-4所示,万方数据知识服务平台专业检索适用于期刊论文、学位论文、会议论文、专利、中外标准、科技成果、法律法规、科技报告、地方志等的检索,通用检索字段包括主题、题名或关键词、题名、第一作者、作者单位、作者、关键词、摘要、DOI。

万方数据知识服务平台专业检索中逻辑关系包括 and(与)、or(或)、not(非)。运算符优先级为( )>not>and>or(使用括号可改变字段优先级)。

图 4-4　万方数据知识服务平台专业检索界面

五、作者发文检索

万方数据知识服务平台提供作者发文检索功能，如图 4-5 所示，适用的文献类型包括期刊论文、学位论文、会议论文、专利及科技报告。用户可以通过输入作者姓名、作者单位等字段信息来精确查找该作者的学术成果。系统默认字段采用精确匹配方式，用户可根据实际检索目的及检索结果情况，选择采用精确匹配还是模糊匹配。用户可以通过点击输入框前的"+"来增加检索字段。若某一行未输入作者或作者单位，则系统默认为上一行的作者或作者单位。

图 4-5　万方数据知识服务平台作者发文检索界面

六、检索结果分析与利用

在万方数据知识服务平台进行检索后，如图 4-6 所示，可以在线阅读检索结果，也可以下载全文，可以选择检索结果的排序方式（相关度、出版时间、被引频次），选择显示的范围（全部、有全文、免费全文、原文传递、国外出版物），选择页面显示的文献数量（20 条、30 条、50 条），选择按照表格显示或题录显示；可以选择只看核心期刊论文，查看每篇文章的被引频次和下载量；还可以将检索结果通过"批量引用"导出参考文献，可用于不同文献管理软件；亦可通过文献题录下方的"引用"图标，获得单个文献的引用格式；也可以根据用户需求，对检索结果进行可视化分析。

图 4-6　万方数据知识服务平台检索结果界面

与此同时，用户还可以利用左侧分面聚类功能，对检索结果进行分析。在全部文献类型中进行检索后，可以分析检索结果的资源类型（期刊论文、学位论文、专利、科技成果、论文）、年份、学科分类（工业技术、交通运输……）、语种（中文、英文）、来源数据库（万方、ISTIC、NSSD、NSTL……）、作者、机构等。

对于不同的文献类型，左侧栏分面聚类维度不同，如表 4-4 所列。如对专利文献进行检索后，可分析检索结果的专利分类（IPC 分类情况）、专利类型（发明专利、实用新型、外观设计）、国家/地区/组织、公开/公告年份、法律状态（在审、无权、有权）、专利权人、发明人等。

表 4-4　万方数据知识服务平台检索结果分面聚类分析维度

检索范围	检索结果分面聚类分析维度
全部	资源类型(期刊论文、学位论文、专利、科技成果、论文)、年份、学科分类(工业技术、交通运输等)、语种(中文、英文)、来源数据库(万方、ISTIC、NSSD、NSTL 等)、作者、机构等
期刊论文	资源类型、年份、学科分类、核心(北大核心、CSTPCD、CSSCI、EI、SCI)、语种、来源数据库、出版状态(正式出版、优先出版、SynPublish)、作者、作者单位等
学位论文	资源类型、学位授予时间、学科分类、授予学位(硕士、博士、博士后)、学位授予单位、语种、来源数据库、导师等
会议论文	资源类型、年份、学科分类、会议级别(国内会议、国际会议)、语种、来源数据库、会议名称、作者、机构、会议主办单位等
专利	资源类型、专利分类(IPC 分类情况)、专利类型(发明专利、实用新型、外观设计)、国家/地区/组织、公开/公告年份、法律状态(在审、无权、有权)、专利权人、发明人等
中外标准	资源类型、强制性标准、中标分类、标准类型(通用方法标准、管理标准、产品安全标准、产品标准、通用卫生标准、通用基础标准)、发布时间、标准状态(现行、废止、作废、未生效、未实施)、标准组织(国家标准、国际标准化组织标准等)、来源数据库等
科技成果	资源类型、公布年份、鉴定年份、学科分类、地域、完成单位等
法律法规	资源类型、法规分类(地方法规规章、部门规章、人民法院裁判文书、行政法规、最高人民法院公报案例、司法解释、仲裁裁决案例、国家法律)、效力级别(地方规范性文件、部门规范性文件、地方工作文件、其他规范文件、团体及行业规范、行政许可复批等)、颁布日期、时效性等
科技报告	资源类型、计划分类(国家重大科学研究计划、国家高技术研究发展计划、国家科技支撑计划等)、学科分类、报告范围、地域、报告类型(最终报告、进展报告、专题报告、年度报告、中期报告、立项报告等)等
新方志	资源类型、年代分布、地区分布、地区级别、分类级别(部门志、专业志、综合志)、专辑分类(经济综合、地方综合、文化教育、医药卫生、科学技术、地理历史人物等)等

优先出版一般指优先数字出版期刊,是以印刷版期刊录用稿件为出版内容,先于印刷版期刊出版日期出版的数字期刊。优先数字出版期刊的特点是出版时间快,出版方式灵活,发行范围广。

同步出版(synchronous publish, SynPublish)是指通过流程化系统,打通稿件采编与排版环节,在满足传统纸质出版的要求下,同步产生适合网刊、数字出版的数字产品。

中国标准文献分类法简称中标分类,类目设置以专业划分为主,适当结合科学分类。序列采取从总到分,从一般到具体的逻辑。采用二级分类、一级主类的设置,以专业划分为主。一级分类由单个拉丁字母表示,由 24 个大类组成,每个大类有 100 个二级类目,二级类目设置采取非严格等级制的列类方法;二级分类由双数字组成。

中标分类中有"通用标准"与"专用标准"的划分。所谓"通用标准",是指两个以上专业共同使用的标准;而"专用标准",是指某一专业特殊用途的标准。在中国标准文献分类法中，对这两类标准采取通用标准相对集中、专用标准适当分散的原则。例如，通用紧固件标准入"J 机械类"，航空用特殊紧固件标准入"V 航空、航天类"，但对各类有关基本建设、环境保护、金属与非金属材料等方面的标准文献采取相对集中的列类方法，如水利电力工程、原材料工业工程、机电制造业工程等入"P 工程建设类"。

如图 4-7 所示，在万方数据知识服务平台检索结果详细信息界面中，可以对文献进行下载、在线阅读、引用、收藏和分享等操作；提供了文章详细信息，包括摘要、DOI、关键词、作者、作者单位等信息；罗列了相关文献、相关主题、相关学者、相关机构信息；引文网络、参考文献、引证文献。

图 4-7 万方数据知识服务平台检索结果详细信息界面

七、资源导航

万方知识服务平台整合期刊、学位论文、会议论文、科技报告、专利、标准、科技成果、法律法规、地方志、视频等十余种数字资源，为研究者和学习者提供了充足的参考资料。可以进入相应学术资源的导航页，通过学科领域、出版地区等筛选条件进行浏览，如图 4-8 所示。

万方知识服务平台针对不同的资源类型，提供了不同方式的资源导航维度。对于学术期刊资源，平台提供了刊首字母、核心收录、收录地区、出版周期、有限出版、所属学科导航，也可以直接使用刊名、ISSN、CN 等进行检索。期刊列表中标明了期刊的收录情况。期刊详细信息界面提供了期刊简介、出版单位、出版周期、ISSN、影响因子、文献量、下载量、被引量等信息，提供文章浏览、统计分析、征稿启事、DOI 服务等，也可以根据文章题名和作者情况进行检索。

对于学位论文资源，万方知识服务平台提供学科、专业、授予单位导航浏览。可以使用题名、作者、关键词、专业、学位授予单位、导师、起始年、结束年等字段在结果中

图4-8 万方数据知识服务平台资源导航

检索。

对于会议论文资源，万方知识服务平台提供首字母筛选、单位类型、主办地、会议级别及学科方向导航，也可以通过题名、作者、关键词、会议名称、起始年、结束年等字段在结果中检索。

对于科技报告资源，万方知识服务平台提供了中文科技报告，可以按照来源、学科、地域、类型和首字母顺序进行导航，也可以使用报告名称、作者和作者单位在结果中检索。中文科技报告详细信息界面有摘要、关键词、作者、作者单位、报告类型、公开范围、全文页数、项目/课题名称、计划名称、编制时间、立项批准年、馆藏号及相关文献信息。外文科技报告分为AD、DE、PB、NASA四种报告和首字母顺序导航，也可以使用报告名称、作者和作者单位在结果中检索。外文科技报告详细信息界面有摘要、关键词、作者、作者单位、报告类型、全文页数、立项批准年、语种信息、原文传递。

表4-5 万方数据知识服务平台资源导航多维度浏览体系

资源类型	导航浏览维度	结果中检索途径	其他特征
学术期刊	刊首字母、核心收录、收录地区、出版周期、有限出版、所属学科	刊名、ISSN、CN号	题名、作者字段、在期刊内进行检索
学位论文	学科、专业、授予单位	题名、作者、关键词、专业、学位授予单位、导师、起始年、结束年	研究趋势展示
会议论文	字母筛选、单位类型、主办地、会议级别、学科方向	题名、作者、关键词、会议名称、起始年、结束年	相关热词展示

表4-5(续)

资源类型	导航浏览维度	结果中检索途径	其他特征
科技报告	中文科技报告按照来源、学科、地域、类型和首字母顺序导航；外文科技报告分为 AD、DE、PB、NASA 和首字母顺序导航	报告名称、作者、作者单位	外文科技报告需要原文传递
专利	IPC 分类	专利名称、申请人/专利权人、起始年、结束年	研究趋势展示
标准	中标分类	标准名称、关键词、起始年、结束年	
科技成果	行业分类、中图分类、地区分类	成果名称、完成单位、完成人	相关热词展示
法律法规	效力级别、内容分类	题名、颁布部门、起始年、结束年	

第三节　实训练习

(1)请使用万方知识服务平台用两种不同方式查找期刊《计算机学报》(ISSN 0254-4164),并检索该刊发表的有关"图像理解"方面的文章。

(2)请使用万方知识服务平台查找有关"数字金融"方面的学术资源(包含期刊、学位论文、会议论文、专利、标准、科技报告、科技成果)。

(3)请使用万方知识服务平台的专业检索功能,根据检索课题要求,选择合适的检索字段,尝试编写出相应的专业检索式。

检索字段:主题、题名或关键词、题名、第一作者、作者单位、作者、关键词、摘要、DOI。

检索课题:查找有关"无人机避障路径规划"方面的学术资源。

(4)请根据检索字段及逻辑运算符,分析万方知识服务平台的检索式的含义。

① 题名:"图书馆"or(摘要:"图书馆"and 作者:张晓林)

② 主题:("协同过滤"and"推荐")and 基金:(国家自然科学基金)

(5)请使用万方知识服务平台的资源导航功能,查询金融保险行业领域内的北大核心期刊情况,并列举影响因子排名前三的期刊信息。

(6)请使用万方知识服务平台的高级检索功能,查找金融保险领域内近三年的研究热点。

(7)请使用万方知识服务平台的高级检索功能,查找主题中包含"数字金融"和"普惠金融"的文献资源,并按照机构聚类对检索结果集进行分析,列举发文量排名前三的机构名称。

（8）请使用万方知识服务平台的高级检索功能，查找主题中包含"数字金融"和"普惠金融"的文献资源，对检索结果按照关键词进行可视化分析，了解研究所涉及的热点趋势。

（9）请使用万方知识服务平台的高级检索功能，查找主题中包含"数字金融"和"普惠金融"的文献资源，按照被引频次由高到低排序，将被引频次排名前三的文献按照EndNote管理软件格式导出。

第五章　ACM Digital Library 检索技巧及应用

第一节　ACM Digital Library 数据库介绍

一、数据库收录范围

美国计算机学会(Association for Computing Machinery，ACM)创立于 1947 年，是全球历史最悠久和最大的计算机教育、科研机构。ACM 目前提供的服务遍及 100 多个国家，会员人数超过 9 万人，涵盖工商业，学术界及政府单位专业人士。ACM 致力发展信息技术教育、科研和应用，出版最具权威性和前瞻性的文献，如专业期刊、会议录和新闻快报，并于 1999 年开始提供在线数据库服务——ACM Digital Library(ACM DL)数据库。

ACM 主要出版物包括期刊、杂志、会报、会议录。ACM 期刊学科领域覆盖了计算机科学与软件工程、计算机科学与信息系统、计算机科学与硬件结构及计算机科学与理论方法四大学科。在计算机科学与软件工程领域收录的 106 本期刊中，ACM 是最大的期刊来源出版社。

ACM Digital Library 数据库收录期刊、杂志和会报 54 种；近 300 个会议，4000 多卷会议录；超过 47 万多篇全文，及"在线计算机文献指南"数据库中 210 多万条文摘题录信息；37 种 SIG 时事通讯；10 种 ACM 合作出版物；25 个 ACM 口述历史访谈录。

ACM Digital Library 数据库包含如下内容。

(1)收录 ACM 全文期刊 29 种，会议录近 170 种。

(2)来自期刊、杂志、和会议录，超过 6.9 万篇的全文文章

(3)1954 年至今出版的期刊、杂志目录及超过 2.3 万篇的引用文献。

(4)1985 年至今出版的 990 多卷会议记录的目录及超过 4.8 万篇的引用文献。

(5)与 ACM 文章关联的大约 150 万篇参考文献。其中 20 万篇参考文献链接有全部书目资料，5 万篇可以链接全文。

(6)参考链接和被引用的链接。

(7)通过 ACM Digital Library 数据库的"在线计算机文献指南"，可以查询和浏览来

自计算机领域重点出版社的巨大书目资料库，包括图书、期刊、会议录和论文。同时 ACM Digital Libary 也提供了浏览计算机文献引文书目的指导方式。

二、会议录

会议录是指各类科技会议的资料和出版物，包括会议前参加会议者预先提交的论文文摘，会议上宣读或散发的论文，会议上讨论的问题、交流的经验和情况等，经整理编辑加工而成的正式出版物。许多科研人员依赖于会议交流信息，许多创新的想法、概念和理论往往首先在各种会议中出现（科研人员在会议上传递新产生但未必成熟的科研信息）。会议录是人们及时了解有关学科领域发展状况的重要渠道，对学科领域中最新发现、最新成果等重大事件的首次报道率最高。

计算机科学方面的会议论文事实上起着比期刊更大的作用。科研人员在专业会议上交流的想法和创新具有专业内容集中、针对性强的特点；同一会议围绕一个主题交流相关的研究成果也会集结成会议录出版。

ACM Digital Library 数据库收录了美国计算机学会的会议录、快报等文献。目前，该数据库中大多数内容可看到全文（pdf 格式），但有些文献只能看到文摘；各种文献的收录年代范围也不统一，有的收录自创刊起直到当前的最新内容，有的只收录了某几年的内容。该库中查到的由 IEEE（电器与电子工程师协会）主办的会议，如果没有全文，可以到 IEEE/IET Electronic Library 全文库中查找全文。

近年来，ACM Digital Library 数据库增加了 1950 年代至今的所有出版物的全文内容，以及 Special Interest Group 的相关出版物，包括快报和会议录。同时，ACM Digital Library 还整合了第三方出版社的内容，全面集成了"在线计算机文献指南"（the guide to computing literature）书目文摘数据库。它集合了 ACM 和其他 5000 多家出版社的出版物，旨在为专业和非专业人士提供了解计算机和信息技术领域资源的窗口。

第二节　ACM Digital Library 数据库功能及利用

ACM Digital Library 数据库提供了简单检索、高级检索、学科分类导航、作者导航、浏览等途径，便于用户根据自己的检索习惯和检索目的选择合适的检索方法。在 ACM Digital Library 数据库中可以找到期刊、杂志、会议录、电子图书等文献资源，也可以加入兴趣研究小组，了解计算机领域相关会议信息及学者动态。

一、数据库首页

ACM Digital Library 数据库首页界面展示了数据库包含的不同文献类型资源，如图 5-1 所示，包括期刊（Journals）、杂志（Magazines）、会议录（Proceedings）、电子图书

（Books），以及特殊兴趣小组（SIGs）、会议（Conferences）及计算机领域内的专家学者情况（People）。

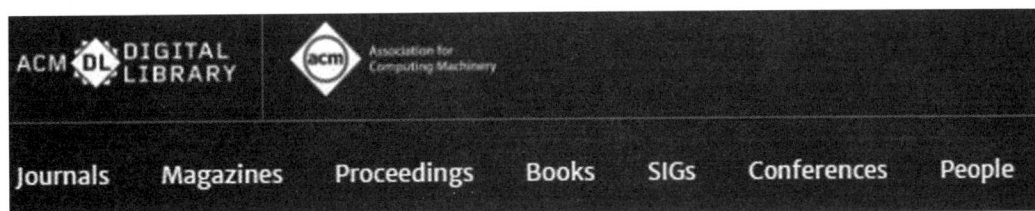

图 5-1　ACM Digital Library 数据库首页导航栏

ACM Digital Library 数据库首页对近期获奖者（Recent Award Winners）进行了展示，用户可以根据学者姓名进行选择，进而了解获奖学者的研究方向、获奖情况等，如图 5-2 所示。

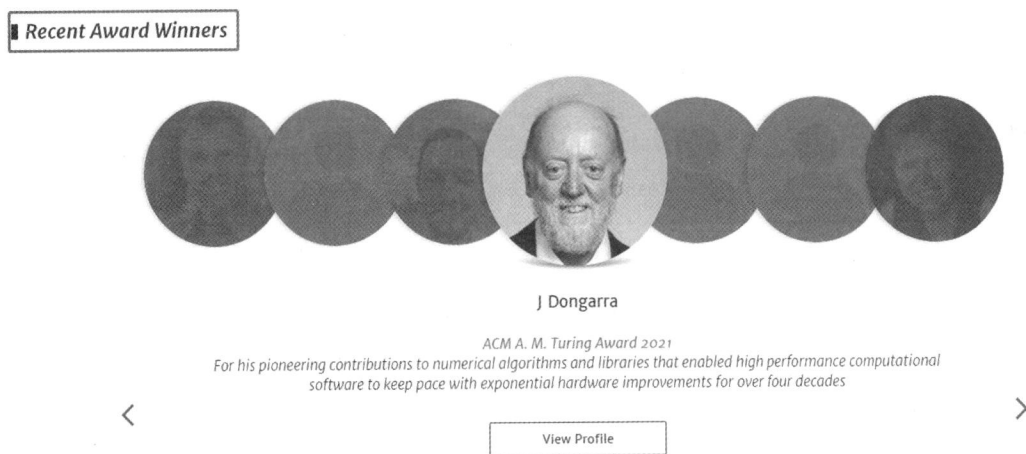

图 5-2　ACM Digital Library 数据库首页获奖者展示

ACM Digital Library 数据库首页提供了按照学科分类检索（Search by Subject）及 ACM 作者列表（ACM Authors），如图 5-3 所示，用户可以根据 ACM Digital Library 数据库收录的文献资源的学科情况，选择需要的学科进行浏览，查看相关资源信息，也可以根据作者情况，选择具体需要关注的学者等。

ACM Digital Library 数据库首页中也展示了该数据库收录的电子图书情况（ACM Books），如图 5-4 所示。用户可以根据需要选择具体的电子图书进行阅读，ACM Books 主要涉及计算机科学领域内的研究生教材、行业研究综述及从业者的职业指导等方面。ACM Books 几乎涵盖了所有计算机领域，例如云计算、复杂算法、生物信息学、数据管理、机器学习和数据挖掘、移动计算机处理技术、平行计算技术、编程语言、软件工程等。根据购买情况的不同，不同机构能够使用的电子书也有所不同。

Search by Subject

Artificial Intelligence, Machine Learning, Computer Vision, Natural language processing →	Information Systems, Search, Information Retrieval, Database Systems, Data Mining, Data Science →	Web, Mobile and Multimedia Technologies →
Society and the Computing Profession →	Applied Computing: Industry/Business, Physical Sciences, Life Sciences, Education, Law, Forensics, Arts/Humanities, Entertainment →	Graphics and Computer-Aided Design →
Networks and Communications →	Architecture, Embedded Systems and Electronics, Robotics →	Hardware, Power and Energy →
Human Computer Interaction →	Security and Privacy →	Software Engineering and Programming Languages →
Computational Theory, Algorithms and Mathematics →		

ACM Authors

R. Lysecky	Hoan Anh Nguyen	Yiqun Liu
The University of Arizona	Amazon.com, Inc.	Tsinghua University
	✪ Software verification	✪ Recommender systems

图 5-3　ACM Digital Library 数据库首页按学科分类检索及 ACM 作者

ACM Books

Effective Theories in Programming Practice

👤 Jayadev Misra

2023

Set theory, logic, discrete mathematics, and fundamental algorithms (along with their correctness and complexity analysis) will always remain useful for computing professionals and ne...

Read More ⟶

Prophets of Computing: Visions of Society Transformed by Computing

👤 Dick van Lente

2022

When electronic digital computers first appeared after World War II, they appeared as a revolutionary force. Business management, the world of work, administrative life, the nation state, and soon...

Read More ⟶

On Monotonicity Testing and the 2-to-2 Games Conjecture

👤 Dor Minzer

2022

This book discusses two questions in Complexity Theory: the Monotonicity Testing problem and the 2-to-2 Games Conjecture.
Monotonicity testing is a problem from the field o...

Read More ⟶

The Handbook on Socially Interactive Agents: 20 years of Research on Embodied Conversational Agents, Intelligent Virtual Agents, and Social Robotics Volume 2: Interactivity, Platforms, Application

👤 Birgit Lugrin,

👤 Catherine Pelachaud,　+ 1

2022

图 5-4　ACM Digital Library 数据库首页 ACM Books

ACM Digital Library 数据库首页中还展示了部分 ACM 特殊兴趣小组（ACM Special Interest Groups，SIGs），如图 5-5 所示。ACM 特殊兴趣小组代表了计算机领域的研究动态，是世界领先的计算学科思想家的原创研究和个人观点的主要来源。SIGs 在各自的专业领域内培养技术社区，旨在提高其成员的技能，让他们了解新趋势，并提供与同事建立联系的机会。SIGs 广泛推动了计算学科的创新，包括编程语言、图形和交互技术、计算机与人的交互、数据科学、移动通信、人工智能、教育和理论等。SIGs 出版时事通讯和杂志，通过多种表彰计划鼓励卓越表现，并在全球范围内组织会议和活动。

图 5-5　ACM Digital Library 数据库首页 ACM Special Interest Groups

目前，ACM 特殊兴趣小组旗下有 38 个不同的兴趣小组，每个兴趣小组代表不同的重点领域，如表 5-1 所列。

表 5-1　38 个 ACM 特殊兴趣小组情况

序号	兴趣小组简称	兴趣小组全称
1	SIGACCESS	Special Interest Group on Accessible Computing
2	SIGACT	Special Interest Group on Algorithms & Computation Theory
3	SIGADA	Special Interest Group on Ada Programming Language
4	SIGAI	Special Interest Group on Artificial Intelligence
5	SIGAPP	Special Interest Group on Applied Computing
6	SIGARCH	Special Interest Group on Computer Architecture
7	SIGBED	Special Interest Group on Embedded Systems
8	SIGBIO	Special Interest Group on Bioinformatics, Computational Biology
9	SIGCAS	Special Interest Group on Computers and Society
10	SIGCHI	Special Interest Group on Computer-Human Interaction
11	SIGCOMM	Special Interest Group on Data Communication
12	SIGCSE	Special Interest Group on Computer Science Education
13	SIGDA	Special Interest Group on Design Automation
14	SIGDOC	Special Interest Group on Design of Communication
15	SIGECOM	Special Interest Group on Economics and Computation

表5-1(续)

序号	兴趣小组简称	兴趣小组全称
16	SIGENERGY	Special Interest Group on Energy Systems and Informatics
17	SIGEVO	Special Interest Group on Genetic and Evolutionary Computation
18	SIGGRAPH	Special Interest Group on Computer Graphics
19	SIGHPC	Special Interest Group on High Performance Computing
20	SIGIR	Special Interest Group on Information Retrieval
21	SIGITE	Special Interest Group on Information Technology Education
22	SIGKDD	Special Interest Group on Knowledge Discovery in Data
23	SIGLOG	Special Interest Group on Logic and Computation
24	SIGMETRICS	Special Interest Group on Measurement and Evaluation
25	SIGMICRO	Special Interest Group on Microarchitecture
26	SIGMIS	Special Interest Group on Management Information Systems
27	SIGMM	Special Interest Group on Multimedia Systems
28	SIGMOBILE	Special Interest Group on Mobility of Systems, Users, Data & Comp
29	SIGMOD	Special Interest Group on Management of Data
30	SIGOPS	Special Interest Group on Operating Systems
31	SIGPLAN	Special Interest Group on Programming Languages
32	SIGSAC	Special Interest Group on Security, Audit and Control
33	SIGSAM	Special Interest Group on Symbolic & Algebraic Manipulation
34	SIGSIM	Special Interest Group on Simulation
35	SIGSOFT	Special Interest Group on Software Engineering
36	SIGSPATIAL	Special Interest Group on Spatial Information
37	SIGUCCS	Special Interest Group on University & College Computing Services
38	SIGWEB	Special Interest Group on Hypertext, Hypermedia and Web

与此同时，ACM Digital Library 数据库首页中也提供了 ACM 出版物(ACM Collections)、ACM 期刊(ACM Journals)、ACM 会议记录(ACM Proceedings)、最受欢迎的 ACM 文章(Most Popular ACM Articles)、ACM 会议(ACM Conferences)、ACM 杂志(ACM Magazines)等信息，便于用户查找使用。

二、浏览功能

ACM Digital Library 数据库首页提供浏览功能(Browse)，如图 5-6 所示，可以根据需要，选择浏览的文献类型。该数据库收录的文献资源包括图书(Books)、定期出版物(Periodical)、会议录(Proceedings)、论文(Theses)、技术报告(Technical Reports)、编号文档(RFC)六种类型。其中，图书(Books)细分为全本图书(Whole Books)、技术报告(Technical Reports）、硕士论文（Master Thesises）、博士论文（Doctoral Dissertations）、参考书目（Bibliography），点击文献类型名称，系统会显示该类型下收录的所有出版物，可顺序浏览按照字母。定期出版物（Periodical）细分为四种，包括期刊（Journals）、杂志（Magazines）、时事通讯（Newsletters）、会报（Transactions）。

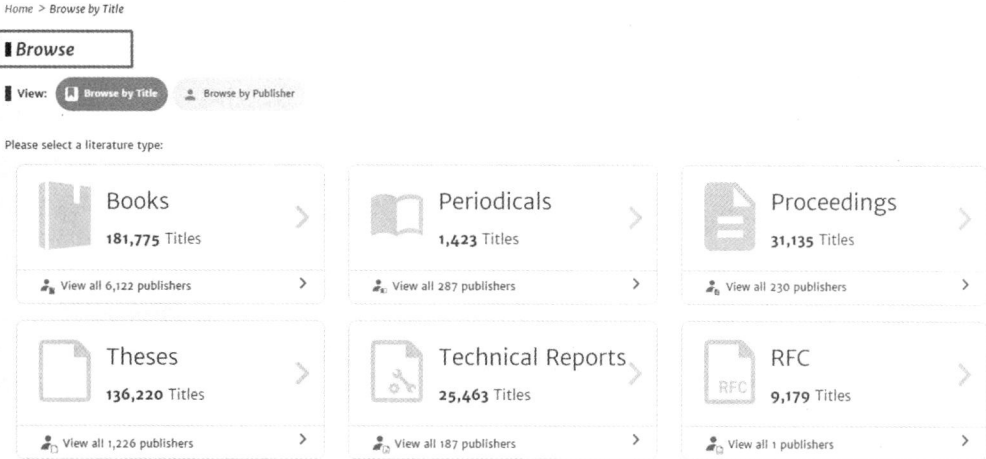

图 5-6　ACM Digital Library 数据库可浏览的文献资源

点击期刊封面，即可进入期刊的详细信息界面，如图 5-7 所示。界面中显示了总引用次数和下载次数等文献计量指标，以及提供了下载期刊 PDF 全文的方式。

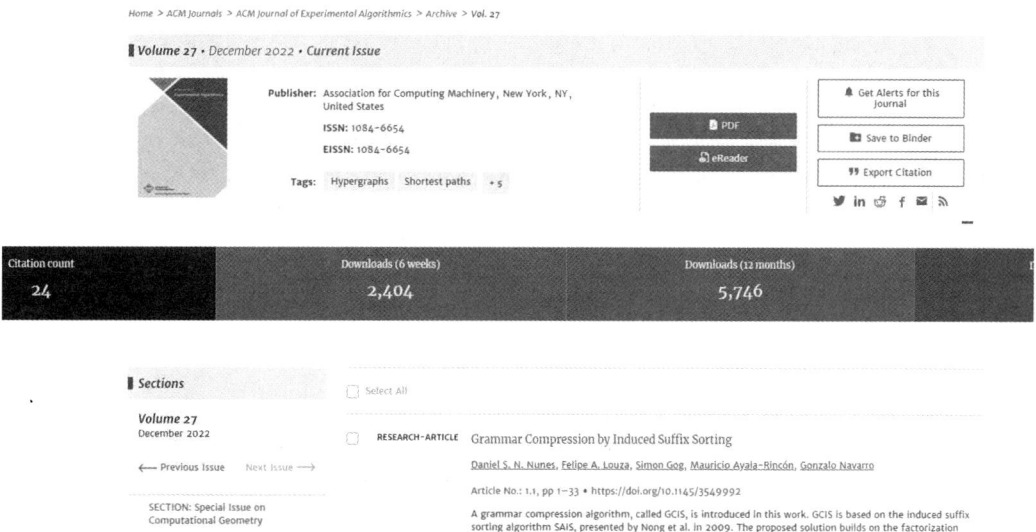

图 5-7　ACM Digital Library 数据库期刊详细信息界面

三、简单检索

ACM Digital Library 数据库提供一框式简单检索功能，检索界面简单明了。如图 5-8 所示，界面中提供了简单检索框，将相应检索词输入后，即可进行检索。简单检索功能可以实现对人物、出版物和内容的检索；允许使用布尔运算符 AND、OR 和 NOT，运算符需要用大写字母。在简单检索框下，罗列了期刊（Journals）、杂志（Magazines）、会议录（Proceedings）、ACM 图书（ACM Books）、特殊兴趣小组（SIGs）、会议（Conferences）及专家学者（People）导航，可以根据需要，直接点击链接跳转到相应资源内容。

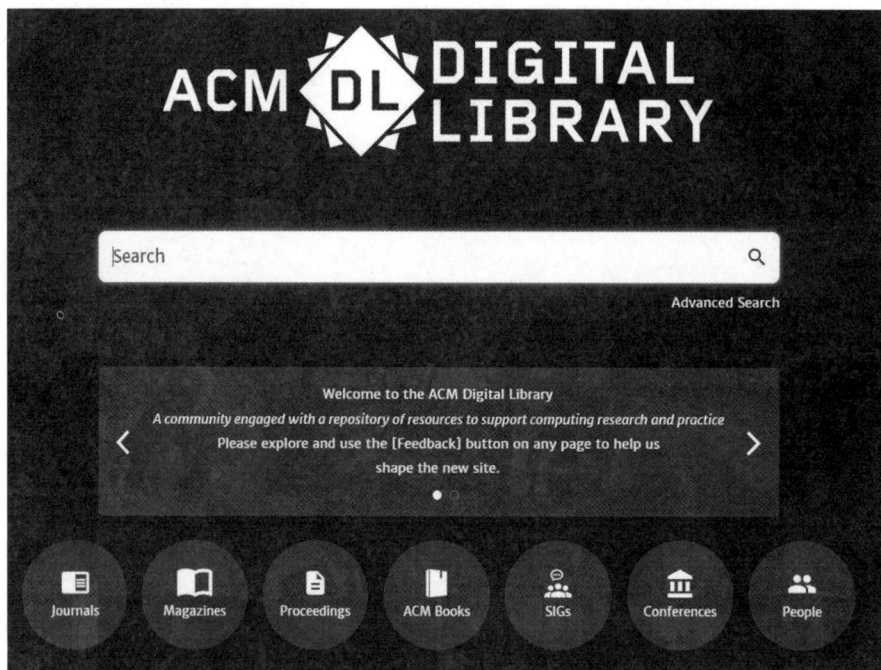

图 5-8　ACM Digital Library 数据库简单检索界面

四、高级检索

ACM Digital Library 数据库提供高级检索（Advanced Search）功能，可以在首页点击"Advanced Search"，进入高级检索界面如图 5-9 所示。高级检索可以实现不同字段之间的组配检索，提高检索效率。使用高级检索时，需要选择检索范围：ACM 全文数据库（The ACM Full-Text Collection）或者在线计算机文献指南（The ACM Guide to Computing Literature）。

ACM Digital Library 全文数据库收录的是由 ACM 赞助或出版的文章，以及一组经过审查的、由指定出版商托管的内容。所有这些内容都可以直接在 ACM Digital Library 数据库获得。

在线计算机文献指南是专门关注计算领域的综合书目数据库。该数据库包括 ACM

全文数据库的所有内容及引文,还可以在可能的情况下链接到计算领域内其他出版商处。

高级检索的检索字段有 11 个,包括所有字段(Anywhere)、题名(Title)、作者(Author)、文摘(Abstract)、全文(Text)、作者机构(Author Affiliation)、作者关键词(Author Keyword)、会议地点(Conference Location)、会议赞助商(Conference Sponsor)、姓名(Name)、国际标准书号或者国际标准期刊号(ISBN/ISSN)、数字对象唯一标识符(DOI)。点击输入框右侧的"+",可以增加检索字段,Search Winthin 可实现多个不同字段的逻辑组配。

高级检索也提供了筛选器(Filters),通过对筛选条件的设置进一步缩减检索结果,增强检索的准确性。可以根据需要点击"+"添加筛选条件数据量,系统默认不同的筛选条件之间是逻辑 AND 的关系。筛选条件主要包括 Published in、Artifact Badges、Funding Agency、CCS、Primary CCS、Publisher 六种,其中 Published in 只能用于定期出版物的检索。筛选条件包含的匹配关系有 Match All、Match Any、Match None 三种。与此同时,还可以通过出版时间范围,对检索结果进行限制。

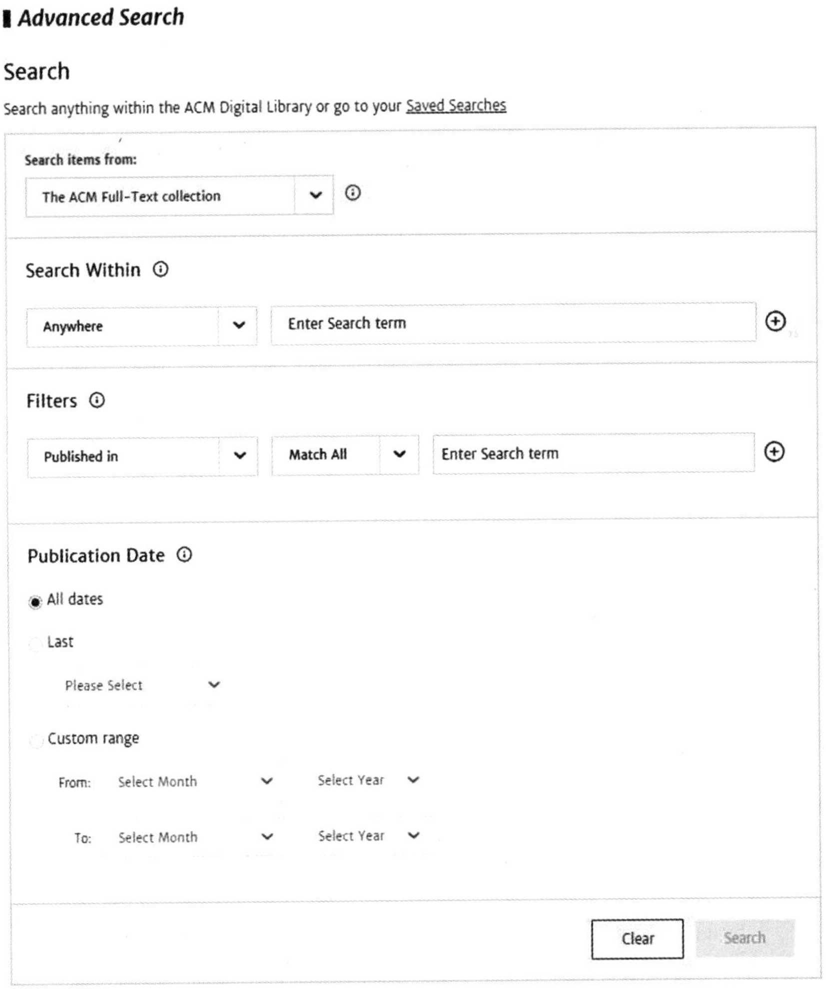

图 5-9　ACM Digital Library 数据库高级检索界面

ACM Digital Library 数据库的高级检索支持逻辑运算符 AND、OR、NOT。在不同检索框之间，系统默认的逻辑关系为 AND。在同一个检索框内，不同检索词之间，系统默认的逻辑关系为 OR。

高级检索支持通配符 * 代替 0~n 字符，通配符 ? 代替 1 个字符。对短语进行精确检索时，需要使用英文半角状态下的双引号 "" 进行精确短语检索，精确检索中不能使用 * 、? 检索特殊字符，如使用 +-&|| ! ( ) { } [ ] ^" ~ * ? : / 这些特殊字符时，需要在这些字符前加上反斜杠 \。例如：检索 "web-based"，可以输入检索词 "web\-based"；检索 "complexity n^2"，可以输入检索词 "complexity n\^2"。

五、检索结果分析与利用

在 ACM Digital Library 数据库的检索结果显示页面中，可以看到检索结果的文献类型，比如期刊文章（Article）、图书（Book）等。如图 5-10 所示，每一条检索结果后，有各种图标标识，点击相应图标，就可以查看文献的文摘或全文内容。对感兴趣的文献，可在文献编号前进行标记，可以对标记过的文献的题录和文摘信息进行保存、打印或发送 E-mail。也可以根据需要，按照 BibTex、Endnote、ACM Ref 格式导出文献。

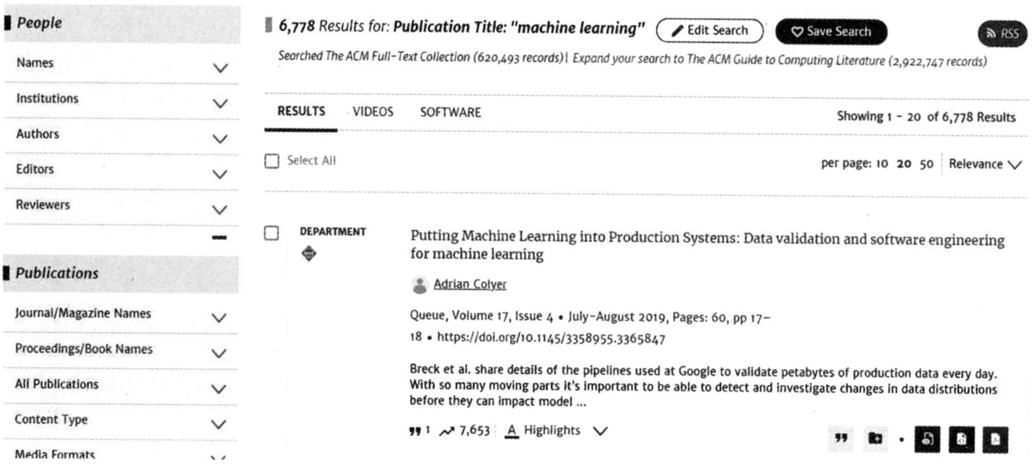

图 5-10　ACM Digital Library 数据库检索结果界面

用户可以对检索结果从学者角度（People），按照名字（Name）、机构（Institutions）、作者（Authors）、编辑（Editors）、评审员（Reviewers）维度进行分析；从出版物（Publications）角度，按照期刊/杂志名称（Journal/Magazine Names）、会议录/图书名称（Proceedings/Books Names）、出版物（All Publications）、内容类型（Content Type）、媒体格式（Media Formats）、论文奖（Paper Award）、出版商（Publisher）维度进行分析；从会议（Conferences）角度，按照发起人（Sponsors）、会议活动（Conference Event）、会议主题丛刊（Proceedings Series）维度进行分析。

点击文献题名，进入 ACM Digital Library 数据库的文献详细信息界面，如图 5-11 所示，界面中有作者及简介链接、作者所属机构及简介链接、全文链接、文献引用统计、出版导航、相关文献推荐、文章引用格式、索引术语、文章主题分类及评论等。

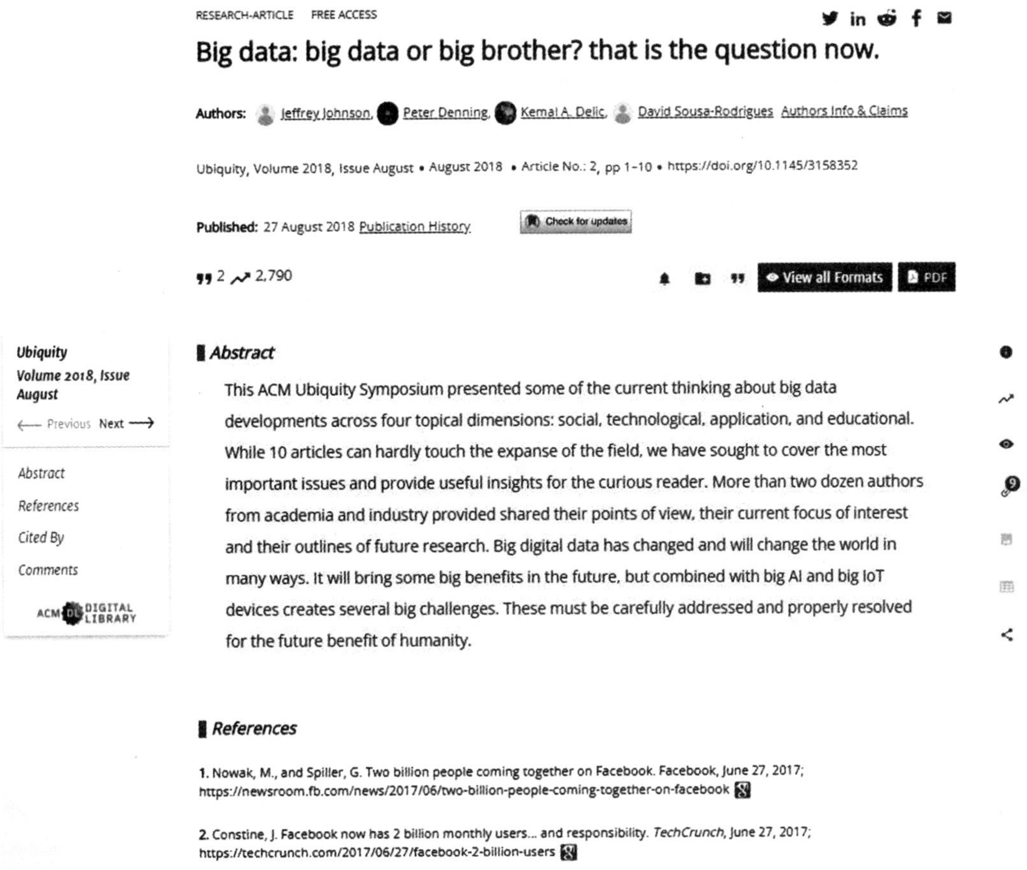

RESEARCH-ARTICLE　FREE ACCESS

Big data: big data or big brother? that is the question now.

Authors: Jeffrey Johnson, Peter Denning, Kemal A. Delic, David Sousa-Rodrigues　Authors Info & Claims

Ubiquity, Volume 2018, Issue August • August 2018 • Article No.: 2, pp 1-10 • https://doi.org/10.1145/3158352

Published: 27 August 2018 Publication History　Check for updates

99 2 ∿ 2,790　　　　　　　● View all Formats　PDF

Ubiquity
Volume 2018, Issue
August

← Previous　Next →

Abstract
References
Cited By
Comments

ACM DIGITAL LIBRARY

Abstract

This ACM Ubiquity Symposium presented some of the current thinking about big data developments across four topical dimensions: social, technological, application, and educational. While 10 articles can hardly touch the expanse of the field, we have sought to cover the most important issues and provide useful insights for the curious reader. More than two dozen authors from academia and industry provided shared their points of view, their current focus of interest and their outlines of future research. Big digital data has changed and will change the world in many ways. It will bring some big benefits in the future, but combined with big AI and big IoT devices creates several big challenges. These must be carefully addressed and properly resolved for the future benefit of humanity.

References

1. Nowak, M., and Spiller, G. Two billion people coming together on Facebook. Facebook, June 27, 2017; https://newsroom.fb.com/news/2017/06/two-billion-people-coming-together-on-facebook

2. Constine, J. Facebook now has 2 billion monthly users... and responsibility. *TechCrunch*, June 27, 2017; https://techcrunch.com/2017/06/27/facebook-2-billion-users

图 5-11　ACM Digital Library 数据库文献详细信息界面

在 ACM Digital Library 数据库的作者详细信息界面中，如图 5-12 所示，可以在作者作品中进行检索，查看作者隶属的机构信息、获得的 ACM 奖项信息、作者邮箱和个人主页链接、作者的主要课题领域和合作者信息等，还有作者关键文献计量数据、详细的学科领域和合作者、最新出版物、被引用和下载次数最多的文章。

在 ACM Digital Library 数据库的机构详细信息页面中，如图 5-13 所示，可以在机构的研究范围内搜索，查看机构网站链接、获奖者信息、被引用次数最多的作者信息、机构研究重点课题领域、最重要的合作机构信息等，还有机构关键文献计量统计、机构合作者、随时间推移的文章产出、核心研究主题领域、机构层面被引用和下载最多的文章。

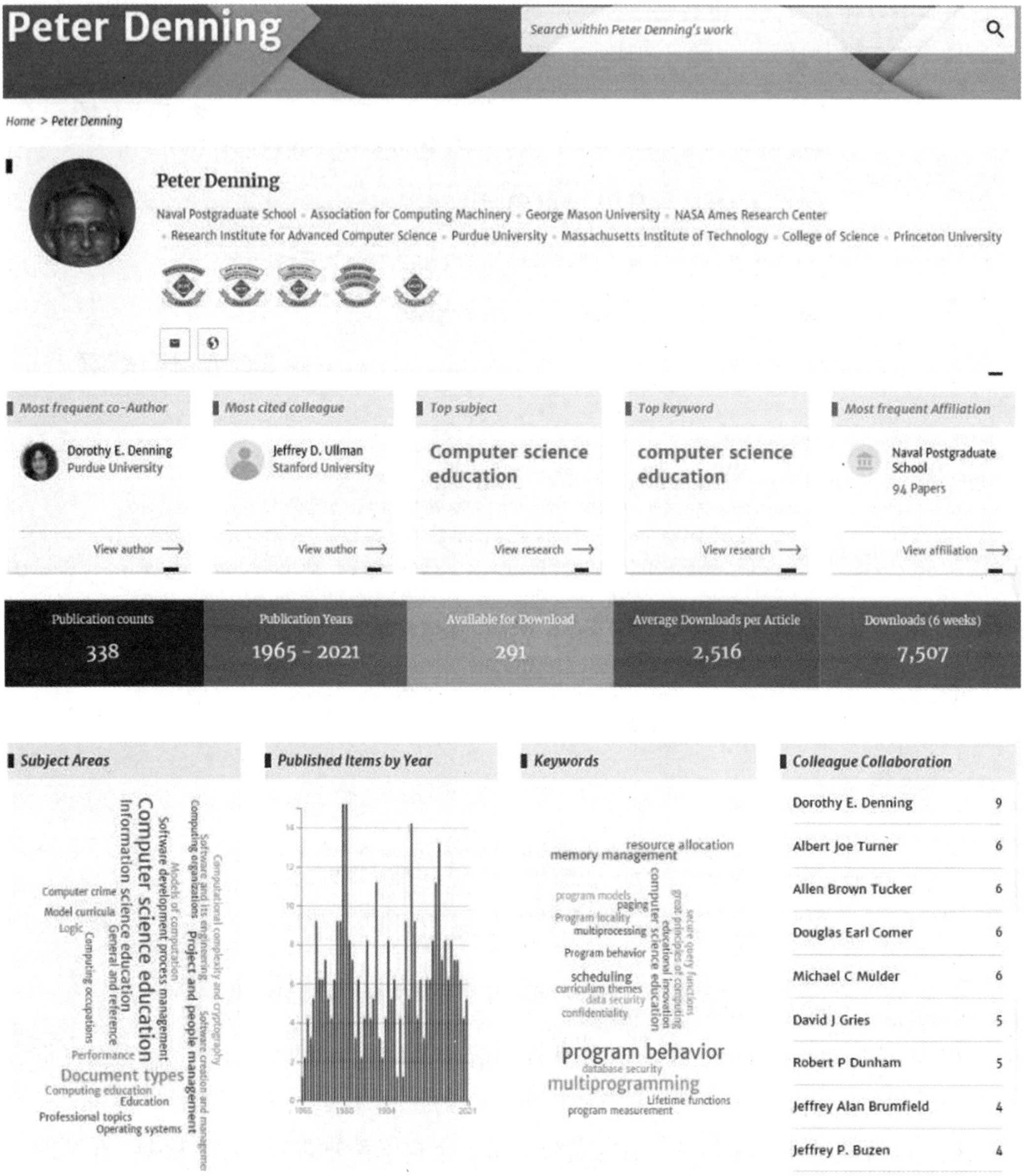

图 5-12 ACM Digital Library 数据库作者详细信息界面

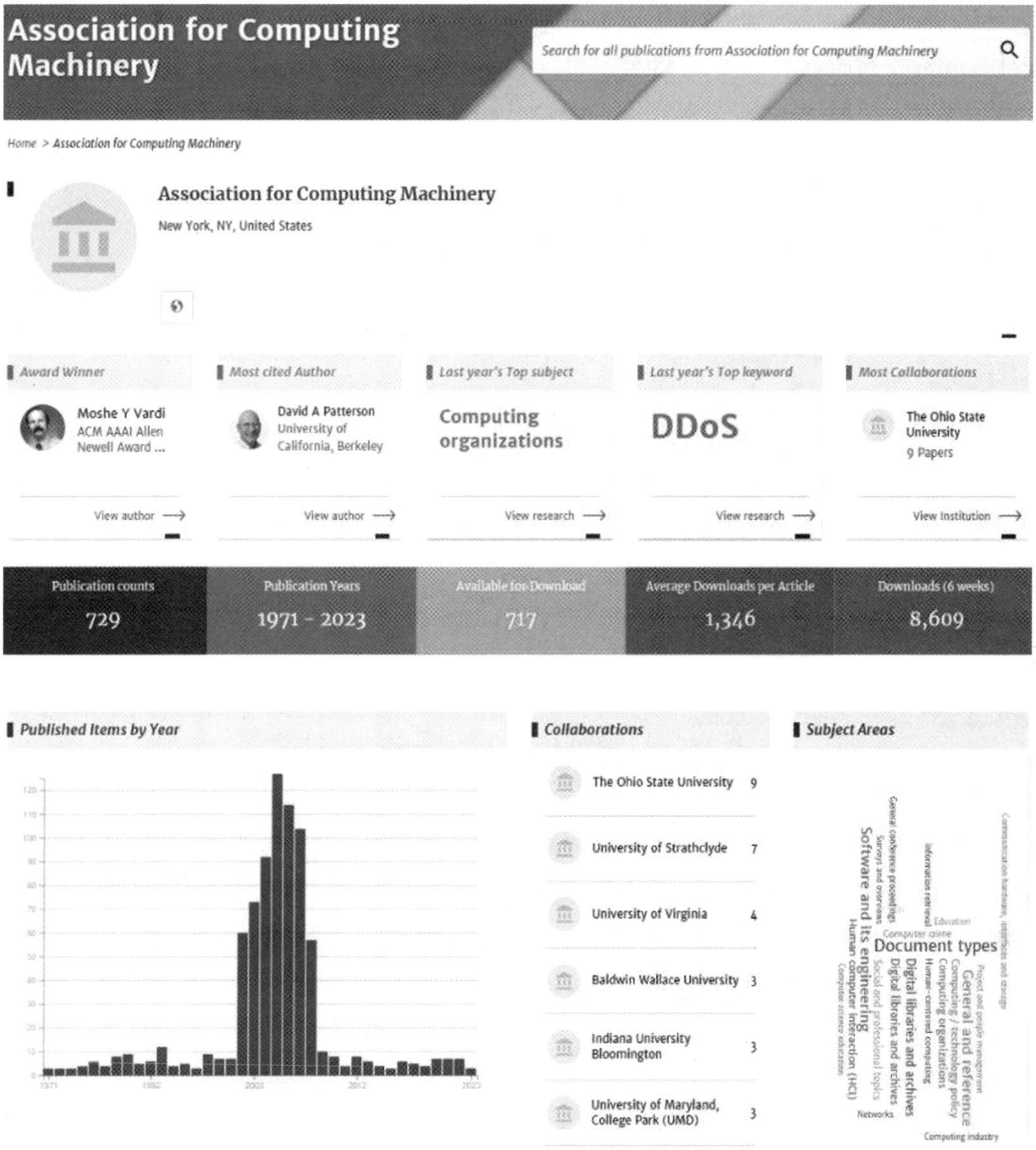

图 5-13　ACM Digital Library 数据库机构详细信息界面

六、个性化功能

ACM Digital Library 数据库提供个性化账号服务。用户注册账户后，可以根据需要保存检索结果，对于已经保存的检索，再次使用数据库时，可以直接应用之前保存的检索式进行检索，系统会重新生成新的检索结果，节省了检索时间，提高检索效率。用户可以创建和添加文章到"Binders"，也可以分享"Binders"给其他研究人员，还可以创建新内容、新文章引用的提醒等。

1. 创建和添加文献到文件夹

在 ACM Digital Library 数据库右上角点击"Sign In"登录账号，点击账号名字进入个人信息界面，然后点击"My Binders"，再点击"Create a Binder"，根据需要添加文件夹名称和描述信息，创建文件夹，如图 5-14 所示。选中需要保存的文章，将文章添加到文件夹即可。

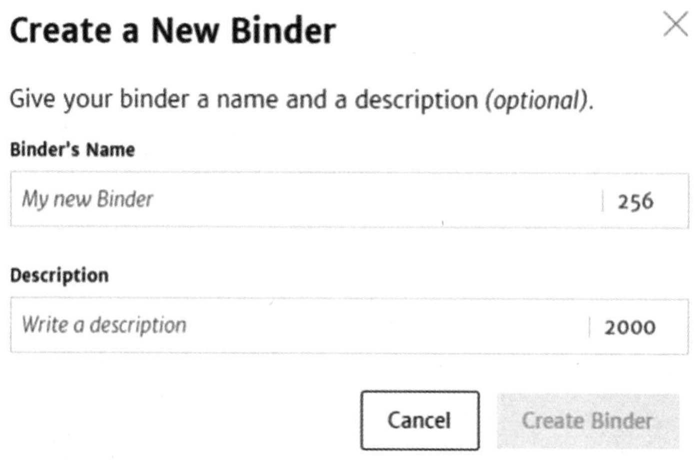

图 5-14　ACM Digital Library 数据库账户创建文件夹

2. 共享文件夹

若想与其他人员共享文件夹，则需要进入我的文件夹，然后点击"Share Binder"共享文件夹，输入想分享的人的电子邮件地址，如图 5-15 所示，然后点击分享即可。任何订阅 ACM Digital Library 数据库的人都可以阅读共享该文件夹的内容。

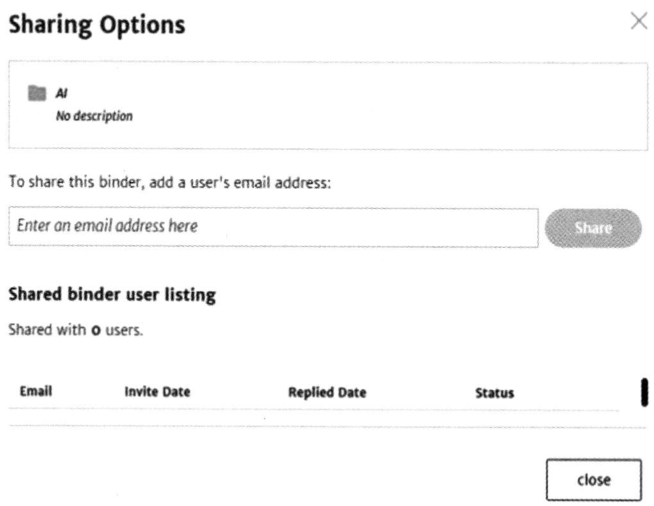

图 5-15　ACM Digital Library 数据库分享文件夹

3. 创建提醒

对于 ACM Digital Library 数据库的大部分内容，用户都可以根据需要创建新内容、新文章引用的提醒（Get Alerts），如图 5-16 所示。

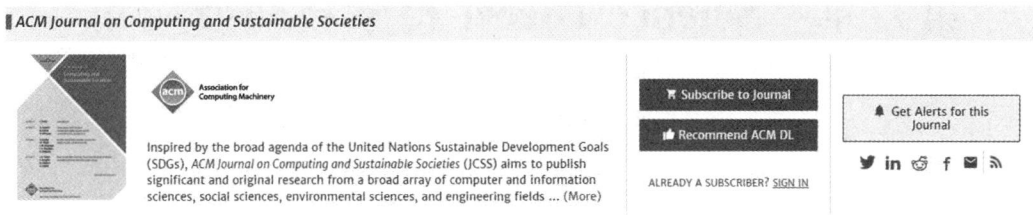

图 5-16 ACM Digital Library 数据库创建提醒

第三节 实训练习

（1）请使用 ACM Digital Library 数据库浏览期刊 *ACM Journal on Emerging Technologies in Computing Systems* 最新一期内容。

（2）请使用 ACM Digital Library 数据库查找到人工智能兴趣小组（Special Interest Group on Artificial Intelligence）的相关信息，并了解该小组中文章被引次数最多的学者。

（3）请使用 ACM Digital Library 数据库查找即将要召开的有关"人工智能"（artificial intelligence）方面的国际会议信息。

（4）请使用 ACM Digital Library 数据库查看 ACM 的会议录信息（会议名称、时间、地点、往届会议情况、会议论文集等）。

（5）请使用 ACM Digital Library 数据库查看 ACM 在人工智能（artificial intelligence）领域内的期刊情况。

（6）请使用 ACM Digital Library 数据库查看 ACM 在机器学习（machine learning）领域内的获奖学者信息。

（7）请使用 ACM Digital Library 数据库查看 ACM 在计算机视觉（computer vision）领域内的兴趣小组信息。

（8）请使用 ACM Digital Library 数据库查看 ACM 在自然语言处理（natural language processing）领域内的学者信息。

（9）请使用 ACM Digital Library 数据库检索以下电子图书。

Ihab F.Ilyas and Xu Chu.2019. Data Cleaning.Association for Computing Machinery，New York，NY，USA.

第六章　Science Direct 检索技巧及应用

第一节　Science Direct 数据库介绍

一、爱思唯尔

爱思唯尔(Elsevier)是一家设在荷兰的历史悠久的跨国科学出版公司,致力学术文献的出版、整合与传播,其出版的期刊是世界公认的高品位学术期刊,且大多数为核心期刊,被 SCI、EI 等许多著名二次文献数据库收录。该公司近几年已经与 Pergamon、North Holland、Excerpt Medica 等著名出版社合并,将其出版的 1100 多种期刊全部数字化,通过网络向用户提供服务。

爱思唯尔在经济学和管理学领域出版了 100 余种学术期刊,涵盖会计、商业与国际管理、商业、管理与会计(综合)、管理信息系统、技术与创新管理、市场营销、组织行为与人力资源管理、战略与管理、旅游、休闲与酒店管理、经济学、计量经济学、金融等方向,其中部分知名期刊如表 6-1 所列。

表 6-1　爱思唯尔出版的经济学、管理学领域部分知名期刊

序号	标题	ISSN	2021IF
1	Journal of Business Venturing	0883-9026	13.139
2	Annals of Tourism Research	0160-7383	12.853
3	Journal of Retailing	0022-4359	11.19
4	Technological Forecasting and Social Change	0040-1625	10.884
5	International Journal of Hospitality Management	0278-4319	10.427
6	Leadership Quarterly	1048-9843	9.924
7	Finance Research Letters	1544-6123	9.846
8	Research Policy	0048-7333	9.473
9	Energy Economics	0140-9883	9.252
10	International Journal of Project Management	0263-7863	9.037
11	Omega-International Journal of Management Science	0305-0483	8.673

表6-1(续)

序号	标题	ISSN	2021IF
12	*Journal of Financial Economics*	0304-405X	8.238
13	*Energy Policy*	0301-4215	7.576
14	*Value in Health*	1098-3015	5.156
15	*Socio-Economic Planning Sciences*	0038-0121	4.641
16	*Journal of Monetary Economics*	0304-3932	4.63
17	*Emerging Markets Review*	1566-0141	4.359
18	*Management Accounting Research*	1044-5005	4.344
19	*Journal of Financial Markets*	1386-4181	3.095
20	*Journal of Accounting and Economics*	0165-4101	2.29

二、数据库收录范围

Science Direct期刊全文数据库(简称SD)是爱思唯尔公司的核心产品,是全学科的全文数据库,自1999年开始向读者提供电子出版物全文在线服务。内容涵盖物理科学与工程、生命科学、健康科学、社会科学及人文四大领域24个学科,拥有全球超过四分之一的科学、技术、医学和社会科学全文及同行评审文章,涵盖期刊数高达4300余种,全文900万余篇(包括在编文章);电子图书3万余册(包括手册,参考书,系列丛书等)。Science Direct期刊全文数据库收录的文献类型有期刊全文、单行本电子书、参考工具书、手册及图书系列等。

第二节　Science Direct 数据库功能及利用

一、数据库首页

Science Direct期刊全文数据库首页提供四大学科分类浏览功能,主要包括物理科学与工程(Physical Sciences and Engineering)、生命科学(Life Sciences)、健康科学(Health Sciences)、社会科学与人文(Social Sciences and Humanities),如表6-2所列。选择某一学科领域后,会展示该学科相关的期刊、书籍等电子资源,并且在首页推荐该领域内热点及最新出版的文章。每个学科大类都有详细的小学科分类,及该大类下的受欢迎文章、近期出版物情况等。可以按照出版物题名首字母顺序浏览出版物,如图6-1所示。

表 6-2　Science Direct 四大学科分类

物理科学与工程	生命科学	健康科学	社会科学与人文
① 化学工程学； ② 化学； ③ 计算机科学； ④ 地球和行星学； ⑤ 能源； ⑥ 工程； ⑦ 材料科学； ⑧ 数学； ⑨ 物理学和天文学	① 农业和生物科学； ② 生物化学/遗传学/分子生物学； ③ 环境科学； ④ 免疫学和微生物学； ⑤ 神经科学	① 医学与口腔学； ② 护理与卫生保健； ③ 药理学、毒理学和制药学； ④ 兽医学	① 艺术与人文学； ② 商业、管理和会计； ③ 决策科学； ④ 经济学、计量经济学和金融学； ⑤ 心理学； ⑥ 社会科学

Physical Sciences and Engineering　　Life Sciences　　Health Sciences　　Social Sciences and Humanities

Physical Sciences and Engineering

Chemical Engineering
Chemistry
Computer Science
Earth and Planetary Sciences
Energy
Engineering
Materials Science
Mathematics
Physics and Astronomy

From foundational science to new and novel research, discover our large collection of Physical Sciences and Engineering publications, covering a range of disciplines, from the theoretical to the applied.

Popular Articles

Nicotinamide mononucleotide (NMN) as an anti-aging health product – Promises and safety concerns
Journal of Advanced Research, Volume 37

Nanoparticles: Properties, applications and toxicities
Arabian Journal of Chemistry, Volume 12, Issue 7

Extended SARS-CoV-2 RBD booster vaccination induces humoral and cellular immune tolerance in mice
iScience, Volume 25, Issue 12

Recent Publications

Journal of Alloys and Compounds
Volume 946

Composites Science and Technology
Volume 236

Sensors and Actuators A: Physical
Volume 354

> Register now to receive recommended articles based on your activity

图 6-1　Science Direct 数据库学科分类资源导航

　　每个大领域下又分不同的下位类，形成 24 个学科领域，这样逐级分类，构成三级分类体系。第三级可以直接链接到单个期刊或图书本身，并且期刊和图书按照题名首字母顺序分类显示，如图 6-2 所示，物理科学与工程学科领域下化学工程（Chemical Engineering）子领域内的出版物有 1696 种，各种出版物按照题名首字母顺序排列，在界面左侧按照出版物类别进行分类，包括期刊（Journals）、图书（Books）、教科书（Textbooks）、手册（Handbooks）、参考工具书（Reference works）、丛书（Book series）。参考工具书是开展研究工作的理想起点，用户可从中找到有价值的学术信息，并能通过浏览文章概要和参考条目快速链接核心期刊和相关著作。

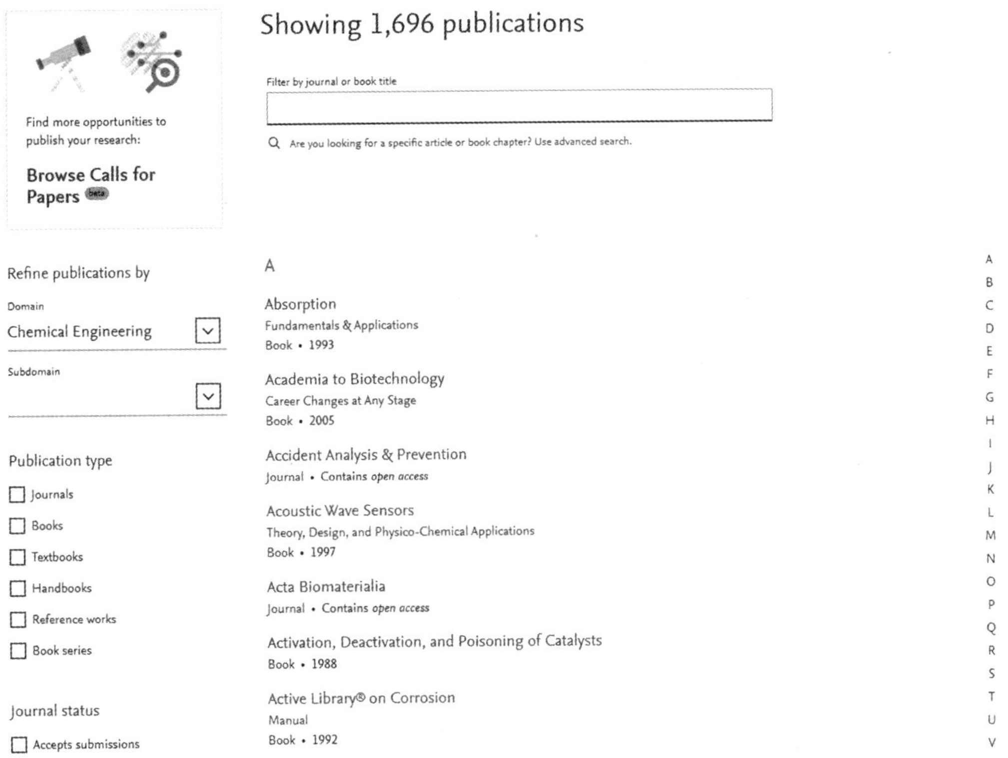

Showing 1,696 publications

Filter by journal or book title

Are you looking for a specific article or book chapter? Use advanced search.

Find more opportunities to publish your research:

Browse Calls for Papers (beta)

Refine publications by

Domain
Chemical Engineering ⌄

Subdomain ⌄

Publication type
☐ Journals
☐ Books
☐ Textbooks
☐ Handbooks
☐ Reference works
☐ Book series

Journal status
☐ Accepts submissions

A

Absorption
Fundamentals & Applications
Book • 1993

Academia to Biotechnology
Career Changes at Any Stage
Book • 2005

Accident Analysis & Prevention
Journal • Contains *open access*

Acoustic Wave Sensors
Theory, Design, and Physico-Chemical Applications
Book • 1997

Acta Biomaterialia
Journal • Contains *open access*

Activation, Deactivation, and Poisoning of Catalysts
Book • 1988

Active Library® on Corrosion
Manual
Book • 1992

A
B
C
D
E
F
G
H
I
J
K
L
M
N
O
P
Q
R
S
T
U
V

图 6-2　Science Direct 数据库三级分类体系界面

　　Science Direct 期刊全文数据库首页也提供直接按照出版物题名首字母顺序进行浏览的功能，如图 6-3 所示，如果知道出版物题名信息，可以直接按照出版物题名首字母顺序选择相应字母进行浏览。与此同时，Science Direct 期刊全文数据库还收录了 140 万篇开放获取文章。

Browse by Publication Title:　A B C D E F G H I J K L M N O P Q R S T U V W X Y Z 0-9

1.4 million articles on ScienceDirect are open access

Articles published open access are peer-reviewed and made freely available for everyone to read, download and reuse in line with the user license displayed on the article.

View the list of full open access journals and books
View all publications with open access articles (includes hybrid journals)
Read more about Elsevier's open access publishing choices

图 6-3　Science Direct 数据库按照题名首字母顺序浏览出版物

　　什么是开放获取（open access，OA）？
　　开放获取是国际学术界、出版界、图书情报界为了推动科研成果，利用互联网自由传播而采取的运动。其目的是促进科学及人文信息的广泛交流，促进人们利用互联网进行科学交流与出版，提升科学研究的公共利用程度，保障科学信息的长期保存，提高科学研究的效率。

《布达佩斯开放获取计划》（BOAI）对开放获取有如下描述："对某文献的'开放获取'意味着它在互联网公共领域里可以被免费获取，并允许任何用户阅读、下载、复制、传递、打印、搜索、超链接，也允许用户为之建立索引，用作软件的输入数据或其他任何合法用途，用户在使用该文献时不受财力、法律或技术的限制，而只需在获取时保持文献的完整性，对其复制和传递的唯一限制，或者说版权的唯一作用，应是使作者有权保护其作品的完整性，以及作品被正确接受和引用。"

《布达佩斯开放获取式出版宣言》提出开放获取出版的两个条件：① 文献作者或著作权人授权世界范围内的所有用户，为合理目的而在任何数字媒体上免费、无条件地获取他们的文献。允许用户公开复制、利用、扩散、传递和演示，并创作和传播基于这些文献的新作品，用户可为个人使用打印出少量复本。② 作品的完整版本、所有附件和上述授权声明要以适当的标准电子格式，存储在至少一个网络数据库中。这些数据库由某些研究机构、学术团体、政府部门或其他知名组织采用适当的技术标准建立和维护，旨在将其建设成为开放获取的、传播不受限制的、可互操作的、长期保存的档案。

Science Direct 期刊全文数据库首页也提供期刊/图书的浏览功能（Journals & Books），如图 6-4 所示，Science Direct 期刊全文数据库中收录了 4757 种期刊和 34031 种图书，用户可以对这些图书和期刊按照题名首字母顺序分类浏览，也可以按照出版物类型对其进行分类。

二、快速检索

快速检索是 Science Direct 数据库默认的检索方式，在快速检索界面上，如图 6-5 所示，平台提供了关键词（Keywords）、作者（Author Name）、刊名/书名（Journal/Book Title）3 个主要检索字段输入框，并提供了输入卷（Volume）、期（Issue）、页码（Page）等辅助内容的辅助字段输入框。3 个主要检索框可以单独使用，也可以同时使用其中两个或全部。

在关键词字段中可以使用多个检索词，系统默认检索词之间是逻辑为"与"的关系，需要对词组进行精确检索时，要将检索词用英文半角状态下的大括号{}括起来。

作者字段检索时默认采用模糊匹配。

在刊名/书名字段中可以使用多个检索词进行检索，多个检索词输入顺序要与刊名或书名的实际顺序相同；不能进行布尔逻辑检索，如果有 AND、OR 或 NOT 等词出现时，这些词必须是刊名或书名的一部分，以避免无效检索；该字段不能使用通配符检索；但是可以使用位置算符；不区分检索词大小写。

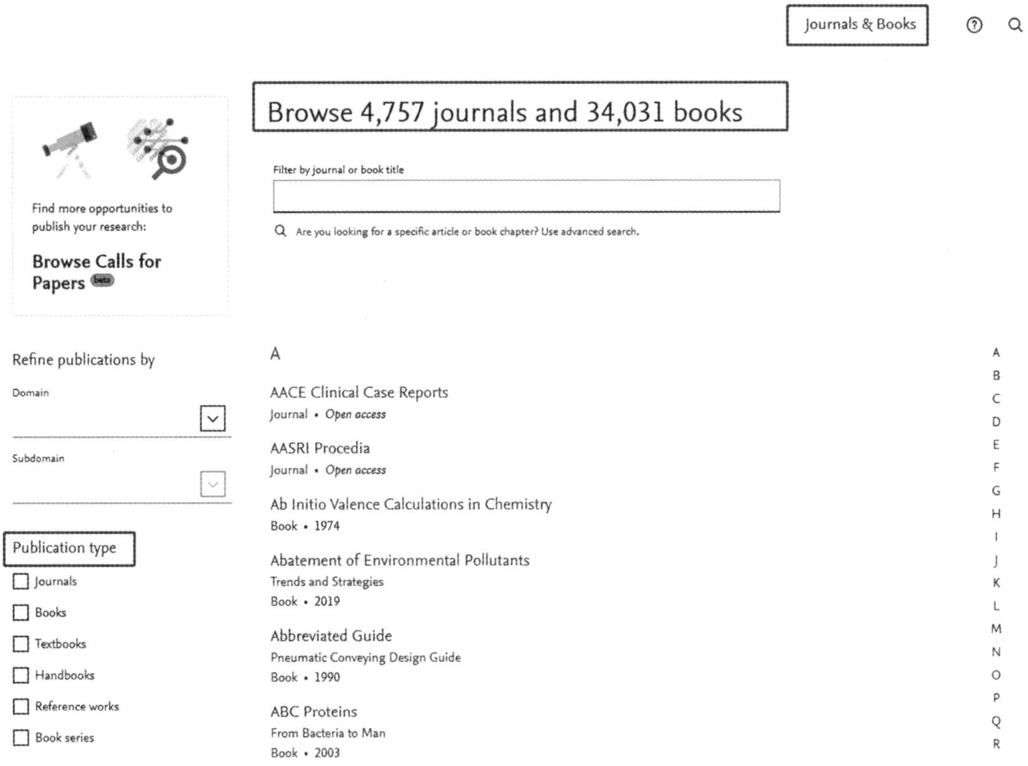

Journals & Books

Browse 4,757 journals and 34,031 books

Filter by journal or book title

Are you looking for a specific article or book chapter? Use advanced search.

Find more opportunities to publish your research:

Browse Calls for Papers beta

Refine publications by

Domain

Subdomain

Publication type

☐ Journals
☐ Books
☐ Textbooks
☐ Handbooks
☐ Reference works
☐ Book series

A

AACE Clinical Case Reports
Journal • Open access

AASRI Procedia
Journal • Open access

Ab Initio Valence Calculations in Chemistry
Book • 1974

Abatement of Environmental Pollutants
Trends and Strategies
Book • 2019

Abbreviated Guide
Pneumatic Conveying Design Guide
Book • 1990

ABC Proteins
From Bacteria to Man
Book • 2003

A
B
C
D
E
F
G
H
I
J
K
L
M
N
O
P
Q
R

图 6-4　Science Direct 数据库 Journals & Books 浏览

Search for peer-reviewed journal articles and book chapters (including open access content)

| Keywords | Author name | Journal/book title | Volume | Issue | Page: | 🔍 |

图 6-5　Science Direct 数据库快速检索界面

三、Scopus 数据库

Science Direct 数据库首页下方提供了 Scopus 数据库的链接，通过该链接可以直接跳转到 Scopus 数据库。Scopus 数据库是由爱思唯尔推出的科研检索分析和学科规划管理数据库，是同行评审期刊文摘和引文的数据库。收录了 7800 多万条记录（每日更新，约 10000 篇/日）；来自 5000 多家国际出版商的 24000 多种期刊，其中有 20000 多种同行评议期刊；5527 种金色 OA 期刊，900 多万篇开放获取文献；8075 种在编期刊（先于发表 1~4 个月获取）；230000 多本图书；超过 980 万份会议论文；超过 4400 万条国际专利；覆盖超过 40 多种语言的刊物，超过 600 种中文同行评议的核心期刊（含中国卓越期刊计划内期刊）。会议论文是工程、计算机方向研究人员的必备资源，而广泛的图书收录更符合社科及财经类院校的需求。

全球重要的大学排名机构包括 QS、THE、中国最好大学排名、中国高被引学者排名等都是以 Scopus 数据库的数据为基准评估学科产出及学科发展的。

此外，Scopus 数据库还包括 7000 多个机构和 3000 多万名学者的信息，为每名收录学者提供独立的 Scopus Author ID；支持一键生成作者的文献产出分析、引文报告，并可以灵活选取去除自引、去除图书引用等。研究人员可快速获取个人、同行、机构科研产出特点，发掘潜在合作对象。

Scopus 数据库收录期刊的学科占比为物理科学与工程 26.6%，健康科学 25.59%，社会科学与人文 31.20%，生命科学 16.05%。

Scopus 数据库可选中文检索界面，支持学者检索、机构检索、文献检索，并能够对检索结果进行可视化分析，可以为学校科研人员、图书馆、科研管理人员提供以下帮助。

（1）了解机构科研动态、学科表现、合作单位、学术产出、高影响力学者。

（2）跟踪前沿学科发展方向，了解学科领域高水平期刊，确定可能的学科研究方向。

（3）了解学科领域的期刊质量、期刊的国际影响力及将来可能的投稿方向和目标期刊。

（4）找出可能的合作机构和合作学者，帮助科研进一步发展。

（5）进行机构、学科、学者之间的学术产出比较，帮助确定机构、学科的发展策略，发现和培养本机构有潜力的人才和引进可能的优秀的人才。

（6）分析机构文献资源投入产出比，优化馆藏。

四、Mendeley

Mendeley 是一个文献管理工具，可以用它收集和整理文献，也可以与他人共享文献，共享者可以注释同一文档，每位作者以不同的颜色显示。Mendeley 也具有一定的社交性，可以创建个人资料文件，关注其他研究人员，创建进行类似研究的人员社交网络，能够迅速发现体现所在领域的最新趋势的文章和期刊。Mendeley 有两个版本：第一个是 Mendeley Web，是一个在线版本的软件；另一个是 Mendeley Standalone，是 Mendeley 软件的可下载版本。Mendeley Standalone 支持 Windows、mac OS X、Linux 和 iOS 设备，但是要下载独立的 Mendeley，不同的系统对应不同的下载版本。使用 Internet Explorer 或 Microsoft Edge 的 Windows 用户，如果在下载 Mendeley 时遇到问题，可以使用谷歌 Chrome 或 Mozilla Firefox 下载 Mendeley。

五、高级检索

Science Direct 数据库的高级检索功能中包括多种字段，如图 6-6 所示，用户通过这些字段之间的逻辑运算关系，可以更加准确地查找到相关资料。高级检索提供的检索项主要包括查找包含这些术语的文章（Find articles with these terms），在期刊或图书题名中检索(In this journal or book title)、出版年[Year(s)]、作者[Author(s)]、作者单位(Author affiliation)、卷[Volume(s)]、期[Issue(s)]、页码[Page(s)]，在题名、摘要或作者指定的关键词中检索(Title, abstract or author-specified keywords)，在题名中检索(Title)，在参考文献中检索(References)，在 ISSN 或者 ISBN 中检索。

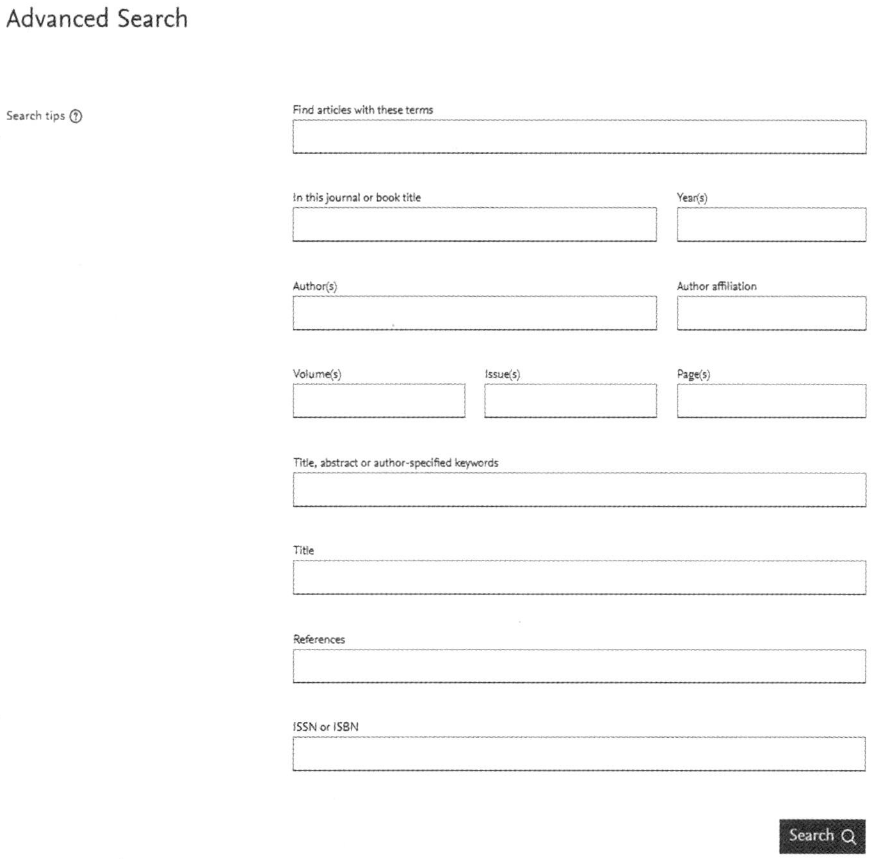

图 6-6　**Science Direct** 期刊全文数据库高级检索界面

　　Science Direct 数据库高级检索支持布尔逻辑运算符与短语检索，支持的布尔逻辑运算符包括 AND、OR、NOT 和连字符-。需要注意的是，布尔逻辑运算符必须大写，连字符-被解释为 NOT 运算符，布尔逻辑运算符的优先级为 NOT>AND>OR，可以使用英文半角状态下的圆括号( )将检索词组合在一起，以此改变检索词的运算顺序。在对短语进行检索时，可以使用英文半角状态下的双引号""，指定必须相邻出现的术语。

　　如("heart attack"OR"myocardial infarction")AND diabetes AND NOT cancer，亦可简洁地表示为("heart attack"OR"myocardial infarction")diabetes-cancer。

　　在短语检索""中，标点符号、复数和拼写变体会被忽略，例如"heart-attack"、"heart-attack"和"heart attacks"的检索结果是一样的。

　　但是表 6-3 中的单词，被系统认为是停止词(Stop Words)，停止词通常是过于笼统或在数据库中频繁出现而没有用处的词。这些单词在 Science Direct 系统中无法被识别，不能进行检索。

表 6-3　Science Direct 数据库停止词（Stop Words）列表

about	by	hence	obtained	since	used
again	can	her	of	so	using
all	could	here	often	some	various
almost	did	him	on	such	very
also	do	his	onto	than	viz
although	does	how	or	that	was
always	done	however	our	the	we
am	due	if	overall	their	were
among	during	in	perhaps	theirs	what
an	each	into	quite	them	when
and	either	is	rather	then	where
another	enough	it	really	there	whereby
any	especially	its	regarding	thereby	wherein
are	etc	itself	said	therefore	whether
as	ever	just	seem	these	which
at	for	made	seen	they	while
be	found	mainly	several	this	whom
because	from	make	she	those	whose
been	further	might	should	through	why
before	had	most	show	thus	with
being	hardly	mostly	showed	to	within
between	has	must	shown	too	without
both	have	nearly	shows	upon	would
but	having	neither	significantly	use	you

Science Direct 数据库支持 UTF-8 字符集，可以直接搜索所有 UTF-8 字符，包括非罗马字符和重音字符。在检索拼写变体单词时，支持英式英语和美式英语的拼写变体，例如，检索词为 colour，检索结果中既包含 colour 也包含 color，反之亦然。支持对希腊字母及其等价单词的检索，例如，搜索希腊字母Ω，可以输入单词"omega"进行检索，检索结果将包含单词"omega"、符号Ω（大写 omega）和 ω（小写 omega）。在对含有上标或者下标的术语进行检索时，不区分上标字符与下标字符，字符大小与其他检索词一致，例如，检索化学表达式"H_2O"，直接输入检索词"H2O"即可。在检索重音字符时，可以输入重音字符，也可不带重音标志，例如检索"Fürst"，输入"Fürst"或者"Furst"都

可以进行检索。对于"+、↑、↓、→"等非字母数字符号，系统将忽略这些字符。

六、检索结果分析与利用

在 Science Direct 数据库中使用 Advanced Search 功能检索题名中包含"heart attack"的文献资源，不加其他任何限制条件，检索结果如图 6-7 所示。在检索结果界面中，可以对检索结果集按照相关性、时间排序，也可以从订阅的期刊（Subscribed journals）、出版年（Years）、文章类型（Article type）、出版物题名（Publication title）、主题领域（Subject areas）、获取类型（Access type）等维度对检索结果集进行聚类分析。其中，文章类型（Article type）包括评论文章（Review articles）、研究文章（Research articles）、百科全书（Encyclopedia）、书籍章节（Book chapters）、会议摘要（Conference abstracts）、书评（Book reviews）、病例报告（Case reports）、会议信息（Conference info）、信函（Correspondence）、讨论（Discussion）、社论（Editorials）、迷你评论（Mini reviews）、新闻（News）、研究简报（Short communications）等。

同时，检索结果集界面也提供了阅读 PDF、下载全文的功能，可以浏览文章的摘要部分及图表部分，可以将检索结果按照需要导出为 RefWorks、RIS、BibTeX、text 格式。

图 6-7 Science Direct 数据库检索结果界面

Science Direct 数据库的文献信息详情界面中，如图 6-8 所示，提供了文献作者信息、作者机构信息、文章 DOI 号、文章全文信息及全文下载方式；在界面左侧将文献概述、图表进行了突出显示，可以根据需要直接选择具体章节、图、表进行查看；在界面右侧推荐了相关文献。

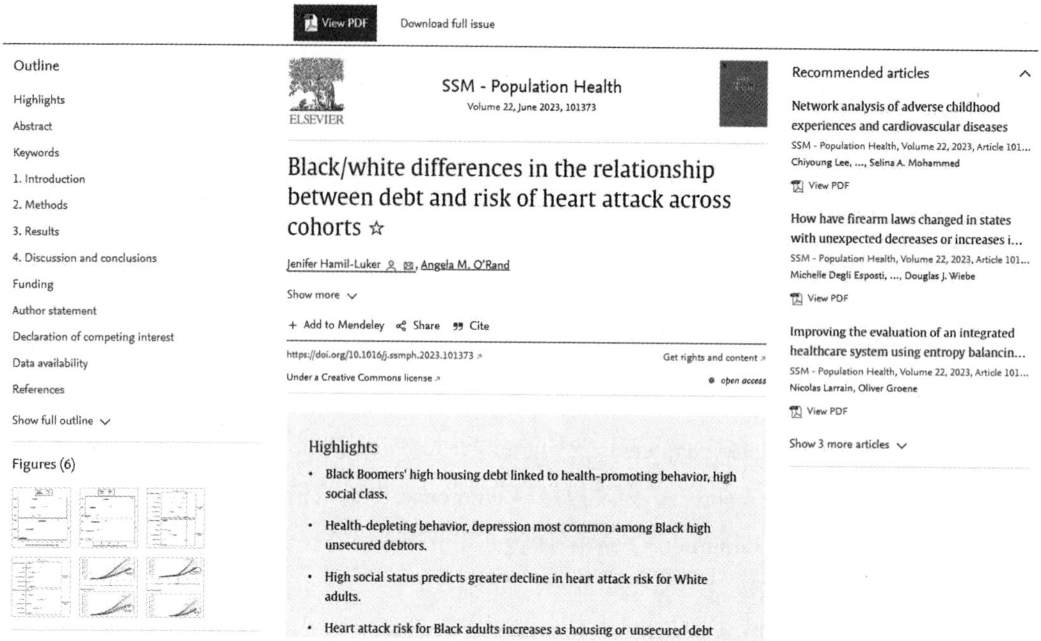

图 6-8　Science Direct 数据库文献详细信息界面

第三节　实训练习

（1）请使用 Science Direct 数据库，查找在社会科学与人文（social sciences and humanities）这一学科分类下，商业、管理和会计（business，management and accounting）方向的出版物有多少种？

（2）请使用 Science Direct 数据库，在查找社会科学与人文（social sciences and humanities）这一学科分类下，经济学、计量经济学和金融学（economics，econometrics and finance）方向的出版物有多少种？

（3）请使用 Science Direct 数据库，对社会科学与人文（social sciences and humanities）这一学科分类下，对社会科学（social sciences）领域的出版物从出版物类型（publication type）、获得方式（access type）两种维度进行分析，其中数量最多的出版物类型是什么？开放获取（open access）形式的出版物有多少种？

（4）请使用 Science Direct 数据库的快速检索功能，在期刊 *Journal of Business Venturing* 第 38 卷第 3 期中查找有关"dynamics modelling of entrepreneurship"方面的文章。

（5）请使用 Science Direct 数据库的快速检索功能，查找期刊 *Finalce Research Letters* 最新一期的内容。

（6）请使用 Science Direct 数据库，查找期刊 *Socio-Economic Planning Sciences* 的作者

投稿指南（Guide for Authors）。

（7）请使用 Science Direct 数据库的高级检索功能，利用"Find articles with these terms"检索项，精确检索有关"Visual recognition"方面的文献资源。

（8）请使用 Science Direct 数据库的高级检索功能，检索文章题名（Title）信息中包含区块链技术（blockchain technology），题名、摘要或作者指定的关键词（Title，abstract or author-specified keywords）中包含金融工程（financial engineering）的文献资源。

第七章　EBSCO 检索技巧及应用

第一节　EBSCO 数据库介绍

一、EBSCO

EBSCO 公司是世界上最大的提供期刊、文献定购及出版服务的专业公司之一,从 1986 年开始出版电子出版物,共收集了 1 万余种索引、文摘型期刊(其中 6000 余种有全文内容),收录范围涵盖自然科学、社会科学、人文和艺术、教育学、医学等各类学科领域。如图 7-1 所示,EBSCO 公司主要为学术图书馆(Academic Libraries)、公共图书馆(Public Libraries)、学校(Schools)、医疗(Health Care)、企业(Corporations)、出版商(Publishers)提供产品和服务。

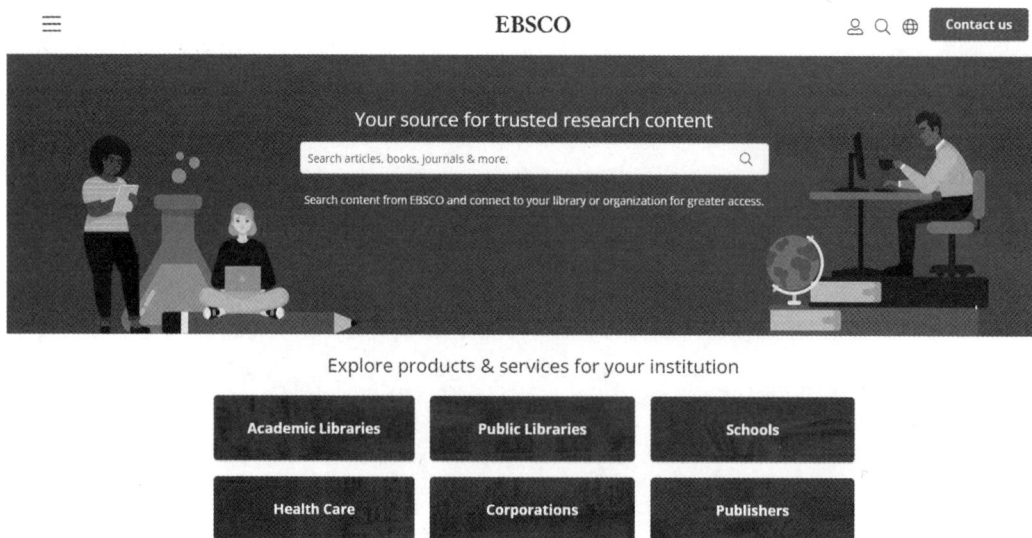

图 7-1　EBSCO 公司官网

二、数据库收录范围

EBSCO 数据库包括 Academic Search Premier(学术期刊全文库，简称 ASP)和 Business Source Premier(商业资源精粹全文库，简称 BSP)两个全文数据库。Academic Search Premier，是规模较大的为学术机构而设计的多学科全文数据库，独家提供众多极具价值的学术性全文期刊，收录内容包括期刊全文、文摘、索引等，可以提供带有彩色图片的 PDF 格式全文。该数据库收录内容涉及生物科学、工商经济、咨询科技、通讯传播、工程、教育、艺术、医药学等领域。该数据库收录了 18887 种期刊和杂志的索引和摘要，其中 16810 种期刊是同行评议期刊；收录了 4637 种期刊的全文，其中 3854 种是同行评议期刊，收录的期刊列表如图 7-2 所示。

Academic Search Premier
Magazines and Journals

19032 = Total number of journals & magazines indexed and abstracted (16971 are peer-reviewed)
4651 = Total number of journals & magazines in full text (3866 are peer-reviewed)

*Titles with 'Coming Soon' in the Availability column indicate that this publication was recently added to the database and therefore few or no articles are currently available. If the ‡ symbol is present, it indicates that 10% or more of the articles from this publication may not contain full text because the publisher is not the rights holder.

Please Note:
Publications included on this database are subject to change without notice due to contractual agreements with publishers. Coverage dates shown are the intended dates only and may not yet match those on the product. The numbers given at the top of this list reflect all titles, active and ceased. All coverage is cumulative. Due to third party ownership of full text, EBSCO Information Services is dependent on publisher publication schedules (and in some cases embargo periods) in order to produce full text on its products.

Source Type	ISSN	Publication Name	Publisher	Indexing and Abstracting Start	Indexing and Abstracting Stop	Full Text Start	Full Text Stop	Full Text Delay (Months)	Peer-Reviewed	PDF images (full page)	Searchable Cited References Start	Searchable Cited References Stop	Country	Availability*	MID
Academic Journal	1559-5145	(Re)-turn: A Journal of Lacanian Studies	(Re)-turn: A Journal of Lacanian Studies	01/01/2013	03/31/2014				Y				United States of America	Available Now	BCN7
Academic Journal	2296-0597	027.7	Universitaetsbibliothek Basel	09/01/2013					Y				Switzerland	Available Now	GBJT
Academic Journal	0210-7287	1616: Anuario de Literatura Comparada	Ediciones Universidad de Salamanca	01/01/2015					Y				Spain	Available Now	GXE7
Academic Journal	0148-2076	19th Century Music	University of California Press	03/01/1993									United States of America	Available Now	19T
Magazine	1534-3219	21st Century Music	21st Century Music	12/01/2006	10/31/2013								United States of America	Available Now	17KX
Academic Journal	2190-572X	3 Biotech	Springer Nature	03/28/2016					Y				Germany	Available Now	ESHR
Academic Journal	2203-4625	A Forum for Theology in the World	ATF Press	11/01/2014					Y				Australia	Available Now	HBS3
Academic Journal	2504-5199	à Jour - Psychotherapie Berufsentwicklung	Psychosozial-Verlag GmbH & Co. KG	01/01/2022					Y				Germany	Available Now	N0ZG
Academic Journal	0743-4618	AAC: Augmentative & Alternative Communication	Taylor & Francis Ltd	01/01/2001					Y				United Kingdom	Available Now	9OD
Academic Journal	1079-0713	AACN Clinical Issues: Advanced Practice in Acute & Critical Care	Lippincott Williams & Wilkins	01/01/2002	01/31/2006				Y				United States of America	Available Now	43Y

图 7-2　Academic Search Premier 数据库收录期刊情况

EBSCO 数据库收录期刊全文、索引和文摘，内容涉及经济学、经济管理、金融、会计、劳动人事、银行国际商务等领域。该数据库收录了 7239 种期刊和杂志的索引和摘要，其中 4134 种期刊和杂志是同行评议期刊；收录了 2146 种期刊的全文，其中 1071 种期刊是同行评议期，收录的期刊列表如图 7-3 所示。除此之外，BSP 数据库还包括 *Wall Street Words* 这本金融术语书，并可直接利用这些词在索引和全文中检索。BSP 数据库除收录商业方面大部分的顶尖期刊外，还收集了商业研究最常使用的行业报告、国家报告、市场研究报告、案例分析、研究手稿等全文出版物。

Business Source Premier
Magazines and Journals

7387 = Total number of journals & magazines indexed and abstracted (4216 are peer-reviewed)
2142 = Total number of journals & magazines in full text (1071 are peer-reviewed)

*Titles with 'Coming Soon' in the Availability column indicate that this publication was recently added to the database and therefore few or no articles are currently available. If the ‡ symbol is present, it indicates that 10% or more of the articles from this publication may not contain full text because the publisher is not the rights holder.

Please Note:
Publications included on this database are subject to change without notice due to contractual agreements with publishers. Coverage dates shown are the intended dates only and may not yet match those on the product. The numbers given at the top of this list reflect all titles, active and ceased. All coverage is cumulative. Due to third party ownership of full text, EBSCO Information Services is dependent on publisher publication schedules (and in some cases embargo periods) in order to produce full text on its products.

Source Type	ISSN	Publication Name	Publisher	Indexing and Abstracting Start	Indexing and Abstracting Stop	Full Text Start	Full Text Stop	Full Text Delay (Months)	Peer-Reviewed	PDF Images (full page)	Searchable Cited References Start	Searchable Cited References Stop	Country	Availability*	MID
Magazine		2.5-5G	IGi Group Inc	01/01/2015									United States of America	Available Now	ML56
Magazine		2.5G-4G	IGi Group Inc.	11/01/2011	12/31/2014								United States of America	Available Now	BC46
Magazine		2.5G-5G	IGi Group Inc.	07/01/2015									United States of America	Available Now	JOI8
Trade Publication	0192-1304	20/20	Jobson Healthcare Information LLC	11/01/2006									United States of America	Available Now	1G2E
Trade Publication	0149-1210	33 Metalproducing	Penton Publishing	07/01/1999	12/31/2002	07/01/1999	12/31/2002		Y				United States of America	Available Now	1NG
Academic Journal	2254-3376	3C Empresa	Area de Innovacion y Desarrollo, SL	08/01/2013	12/31/2022				Y				Spain	Available Now	G9OG
Academic Journal	2230-7524	3D: IBA Journal of Management & Leadership	Indus Business Academy	07/01/2017					Y				India	Available Now	FD5L
Magazine	1080-2142	401K Advisor	Wolters Kluwer Legal & Regulatory	01/01/1999		01/01/1999				Y			United States of America	Available Now	8RA
Magazine	0973-4341	4Ps Business & Marketing	FFC Information Solution Pvt, Ltd (dba Content Victim)	01/01/2013	03/31/2014								India	Available Now	FBOQ
Magazine	1460-0587	A to B	A to B Magazine	02/01/2010									United Kingdom	Available Now	6DSP

图 7-3 Business Source Premier 数据库收录期刊情况

表 7-1 EBSCO 数据库主要收录情况

数据库	收录期刊总量（同行评议期刊数量）	全文期刊总量（同行评议期刊数量）
Academic Search Premier	18887 = Total number of journals & magazines indexed and abstracted(16810 are peer-reviewed)	4637 = Total number of journals & magazines in full text(3854 are peer-reviewed)
Business Source Premier	7051 = Total number of journals & magazines indexed and abstracted(3966 are peer-reviewed)	2158 = Total number of journals & magazines in full text(1071 are peer-reviewed)

除上述两个数据库外，EBSCO 检索平台还提供"ERIC"（教育）、"MEDLINE"（医学）、"Library, Information Science and Technology Abstracts"（图书馆与信息科学）、"GreenFILE"（环境保护）、"Teacher Reference Center"（教师参考中心）、"European Views of the America:1493 to 1759"（从欧洲看美洲）、"Newspaper Source"（报纸全文库）等数据库资源，以及 APS 出版的 2 个内容免费资源，Physics 和 Physical Review Special Topics-Accelerators and Beams。

第二节 EBSCO 数据库功能及利用

一、ASP & BSP 首页

EBSCO 检索平台首页提供两种全文数据库选择，用户需要先选择具体的数据库资源。如图 7-4 所示，其中，ASP&BSP 自然 & 社会科学全文数据库，同时收录 SCI/SSCI 1600 种全文期刊；用户利用 BSI 平台可以查找非刊类出版物（如国家经济/产业报告、公司 SWOT 分析等)。

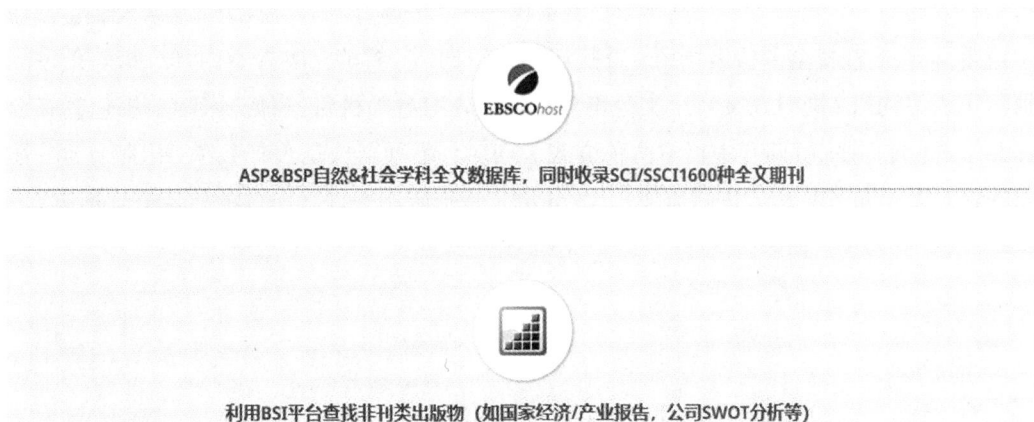

ASP&BSP自然&社会学科全文数据库,同时收录SCI/SSCI1600种全文期刊

利用BSI平台查找非刊类出版物 (如国家经济/产业报告,公司SWOT分析等)

图 7-4 EBSCO 检索平台首页

ASP & BSP 自然 & 社会科学全文数据库首页也需要先进行数据库范围选择,其数据库包括"Academic Search Premier"(学术期刊全文库)、"Business Source Premier"(商业资源精粹全文库)、"ERIC"(教育)、"GreenFILE"(环境保护)、"Library,Information Science & Technology Abstracts"(图书馆与信息科学)、"MEDLINE"(医学)、"Newspaper Source"(报纸全文库)、"Regional Business News"(区域商业新闻)、"Teacher Reference Center"(教师参考中心)、"European Views of the Americas:1493 to 1750"(从欧洲看美洲)、"eBook Collection(EBSCOhost)"(EBSCO 电子书)、"EBSCO eClassics Collection(EBSCO-host)"(EBSCO 经典电子书)、"OpenDissertations"(开放式论文),如图 7-5 所示。

图 7-5 ASP & BSP 选择数据库界面

ASP&BSP 自然 & 社会科学全文数据库首页提供了相关的检索选项，如图 7-6 所示，包括检索模式和扩展条码、限制结果、出版物、图像快速查看等。其中，检索模式包括布尔逻辑/词组、查找全部检索词语、查找任何检索词语、智能文本搜索四种。扩展条件包括运用相关词语、同时在文章全文范围内搜索、应用对等科目三种。限制结果包括在全文和学术(同行评审)期刊中检索两种方式。同时，还可以从是否有参考、出版日期、图像快速查看等角度对检索进行限制。ASP&BSP 特殊限制条件具体选项如表 7-2 所列。

图 7-6　ASP & BSP 检索选项界面

检索模式中的"智能文本检索"(SmartText Searching)可以通过将一段文字输入检索框中(输入尽可能多的检索文本——词组、句段、篇章或整个页面)，检索与该文字内容相似或相近的文献资源。什么是 SmartText？系统会分析字符串中的每个单字，判断其独特性。接着，给予每个字一个权重，以字符串中单字权重及符合程度计算出相关性并排列。

表 7-2　ASP & BSP 特殊限制条件具体选项表

特殊限制条件用于	特殊限制条件具体选项
Academic Search Premier	(1)出版物类型(Periodical/Newspaper/Book/Book/Primary Source Document/Educational Report)； (2)页数
Business Source Premier	(1)出版物类型(Academic Journal/Periodical/Trade Publication/Newspaper/Book/Industry Profile/Country Report)； (2)页数

表7-2(续)

特殊限制条件用于	特殊限制条件具体选项
ERIC	(1)ERIC 编号； (2)适用对象(Researchers/Students/Teachers/Parents/Administrators...)； (3)出版物类型(Book/Product Reviews/Books/Collected Works...)
GreenFILE	(1)出版物类型(Academic Journal/Book/Monograph Essay/Industry Profile/Magazine/Market Research Report/Pamphlet/Trade Publication)； (2)页数
Library, Information Science & Technology Abstracts	(1)出版物类型(Academic Journal/Periodical/Reference Book/Trade Publication)； (2)页数
MEDLINE	(1)有文摘； (2)EBM 评论； (3)人类； (4)性别； (5)英语； (6)评论文摘； (7)动物； (8)期刊和引文子集； (9)出版物类型
Newspaper Source	出版物类型(Newspaper/News Wire/Transcript/Magazine)
Teacher Reference Center	页数
eBook Collection(EBSCOhost)	(1)可下载； (2)作者； (3)标题； (4)ISBN
EBSCO eClassics Collection(EBSCOhost)	(1)可下载； (2)作者； (3)标题； (4)ISBN

二、ASP & BSP 检索

ASP & BSP 数据库基本检索功能采用一框式检索。根据检索需求先选择具体的数据库范围，使用单一检索框，输入检索词进行检索。例如，在 GreenFILE 中检索有关 "global warming" 方面的资源，如图 7-7 所示。根据所选数据库的不同，检索选项及限制结果方式也有所不同。

图 7-7 ASP & BSP 数据库基本检索界面

ASP & BSP 数据库高级检索功能是指应用多个检索字段和逻辑运算符进行组合检索。所选数据库不同，可应用的检索字段也不同；此外，根据所选数据库，可以从全文、学术（同行评审）期刊、参考文献、出版物、文献收录年限等检索选项对检索结果进行限定，如图 7-8 所示。

图 7-8 ASP & BSP 数据库高级检索界面

　　ASP & BSP 数据库高级检索功能支持逻辑运算符、通配符和位置算符。逻辑运算符包括 AND、OR、NOT，通配符包括?、＊、#，位置算符包括 N、W。检索时可以使用英文半角状态的圆括号()将检索词进行组合，如(mouse OR rat)AND trap。在对短语或者检索词进行检索时，使用英文半角状态的双引号""。

　　通配符? 只替代一个字符，例如，输入 ne? t，检索结果包含 neat、nest 和 next。通配符 ＊ 可以匹配多个字符，例如，输入 comput ＊，检索结果包含 computer、computing 等。通配符#与一个可选字符匹配。需要注意的是，通配符是可以在一个检索中组合使用的。例如：

　　colo#r ＊ 可以检索到 colorblind、coloring、colorings、colorization、colorize、colorized、colouring、colourings、colourisation、colourization、colourize、colourized、colourizing……

　　p#ediatric ＊ 可以检索到 pediatric、pediatrics、pediatrician、pediatricians、paediatric、paediatrics、paediatrician、paediatricians……

　　使用通配符时的限制情况主要包括以下几方面。

　　(1)不允许将通配符作为搜索词中的第一个字符使用。如果通配符前只有一个前导字符，那么前四个字符中必须至少还有一个额外的文字字符。例如：

　　f#r ＊(允许使用，因为前四个字符中有两个文字字符)。

　　f??? ＊(不允许使用，因为前四个字符中只有一个文字字符)。

　　(2)使用任何通配符进行检索时，词的复数形式、所有格形式及任何同义词都不会被检索到。例如，colo#r 不会检索到单词"colors"和"colors"。

　　ASP&BSP 数据库使用位置运算符进行检索时，检索词的数量不能超过 255 个。

　　位置算符 N 表示两个检索词之间可以加入其他检索词，检索词的数量根据需要而定，检索词的顺序任意，例如，tax N5 reform 表示在 tax 和 reform 之间最多可以加入 5 个任意检索词，检索结果中会包括 tax reform、reform of income tax 等。

　　位置算符 W 表示检索词之间可以加入其他检索词，检索词的数量根据需要而定，检索词先、后顺序不可变化，只能按照输入词的顺序，例如，tax W8 reform 可以检索出 tax reform，但不能检索出 reform of income tax。

　　与此同时，位置算符前后词语数量没有具体限制，可以是多个组合检索词。例如：

　　(tax OR tariff)N5 reform；

　　oil W3(disaster OR clean-up OR contamination)；

　　(baseball OR football OR basketball)N5(teams OR players)。

　　但是表 7-3 中所列的单词，被系统认为是停止词(Stop Words)，停止词通常是过于笼统或在数据库中频繁出现而没有用处的词。这些单词在 ASP&BSP 数据库中无法被识别，不能进行检索。

表 7-3　ASP & BSP 数据库停止词（Stop Words）列表

a	also	an	and	are	as	at
be	because	been	but	by	for	from
has	have	however	if	in	is	not
of	on	or	p	so	than	that
the	their	there	these	this	to	was
were	whatever	whether	which	with	would	

三、ASP & BSP 出版物浏览

ASP & BSP 数据库首页左上角提供了出版物浏览功能。出版物包括 7 个方面，分别是 ASP 出版物（Academic Search Premier-Publications）、BSP 出版物（Business Source Premier Publications）、环境保护出版物（GreenFILE-Publications）、图书馆与信息科学出版物（Library, Information Science & Technology Abstratces-Publications）、医学出版物（MED-LINE-Publications）、报纸出版物（Newspaper Source-Publications）、区域商业新闻出版物（Regional Business News-Publications）。可以根据需要选择学科领域，按照字母顺序、主题和说明或匹配任意关键字的方式浏览出版物，如图 7-9 所示。

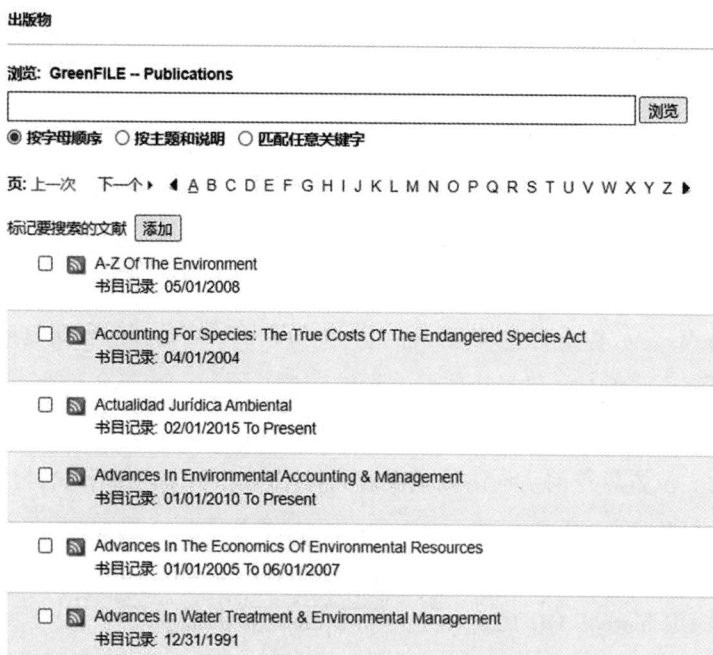

图 7-9　ASP & BSP 出版物浏览

例如，在环境保护出版物（GreenFILE-Publications）中检索期刊 *Advances in Environmental Chemistry*。在出版物检索框中输入期刊名称，在结果列表中选择并点击链接至出

版物详细信息页面。如图 7-10 所示，出版物详细信息页面包含出版物的题名、ISSN、出版者、标题历史记录、书目记录、出版物类型、主题、出版者 URL、频率、同行评审等信息。

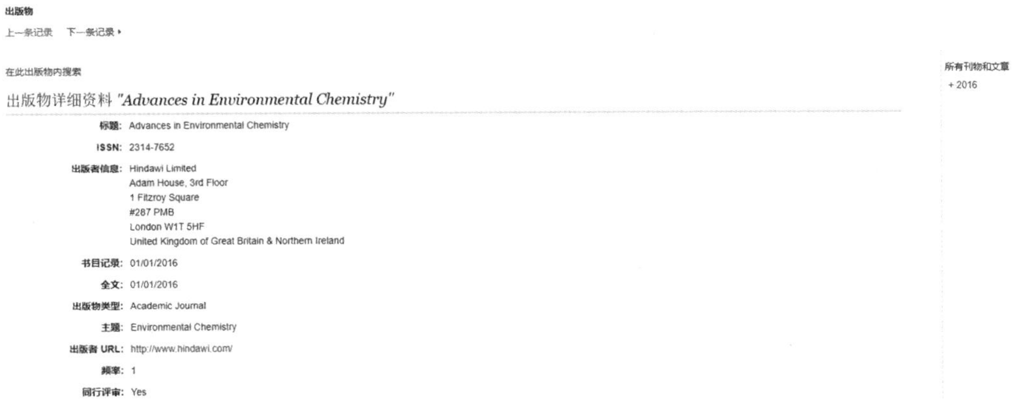

图 7-10 ASP & BSP 出版物详细信息界面

出版物详细信息界面上也提供了出版物共享方式，可以创建电子邮件快讯或者使用 RSS 订阅的方式共享出版物信息。期刊快讯的设置（需要注册登录后操作）：首先要在出版物列表中（Publication）选定期刊；点击右上角的分享（Alert/Save/Share），选择电子邮件快讯（E-mail Alert）打开设置界面；可以对结果格式等进行设置，点击保存快讯（Save Alert），设置完成。当有任何内容更新时，将会以电子邮件形式通知。

四、检索结果分析与利用

使用 ASP&BSP 数据库进行检索，检索结果界面提供了全文获取方式，包括连接全文（Linked Full Text）、HTML 全文。窗格左右两侧功能栏可以随意隐藏或展开。

如图 7-11 所示，检索结果页面的左侧是分面功能栏。可以根据检索需求进一步对检索结果进行限定，包括二次检索（Refine Results）、限定（Full Text/References Available/Peer Reviewed）、年代、文献类型（Acdameic Journals/Magazines/Book Reviews/Reports 等）、主题（Subject）、出版物（Publication）、出版商（Publisher）、语种、出版地等。点击"显示更多"（Show more），可以获得更全面的检索模式和扩展条件、限制结果。

检索结果界面右侧提供了排序方式，包括相关度（Relevance）、日期最旧（Date Oldest）、日期最新（Date Newest）、来源（Source）、作者（Author）排序。页面选项（Page Options）包括结果格式（Result Format）、图像快速查看（Image Quick View）、每页结果（Results per page）、页面布局（Page Layout）。分享方式（Share）包括添加到文件夹（Add to folder）和创建提醒（Create an alert）、添加检索结果到文件夹。放大镜图标可以查看文献详细信息、链接全文、从文件夹移除等。

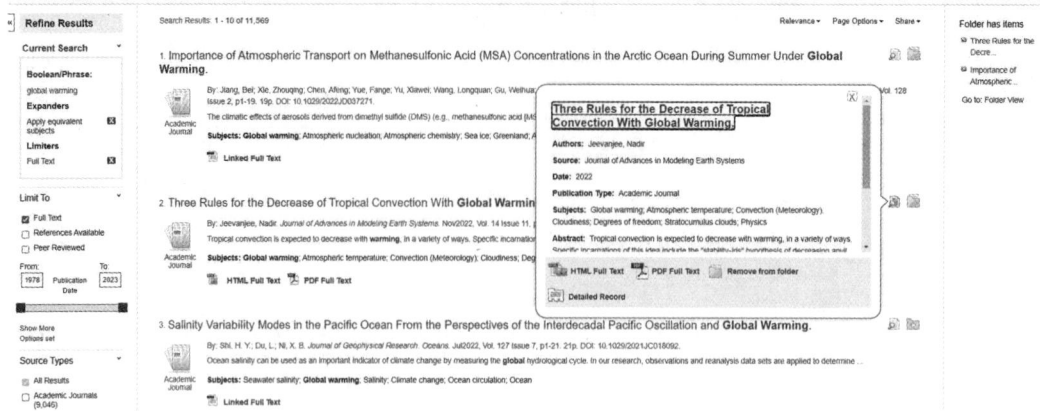

图 7-11　ASP & BSP 数据库检索结果界面

如图 7-12 所示，ASP & BSP 数据库文献详细信息界面包含作者（Authors）、来源（Source）、文献类型（Document Type）、主题词语（Subject Terms）、地理术语（Geographic Terms）、作者提供的关键字（Author-Supplied Keywords）、摘要（Abstract）、作者单位（Author Affiliations）、全文字数（Full Text Word Count）、ISSN、DOI、入藏编号（Accession Number）、出版者徽标（Publisher Logo）等信息。

文献详细信息界面左侧工具栏主要有详细记录（Detailed Record）、链接全文（Linked Full Text）、查找相似结果（Find Similar Results）、使用智能文本搜索（Using Smart Text Searching）。

文献详细信息界面右侧工具栏主要有从文件夹中删除（Remove from Folder）、打印（Print）、电子邮件（E-mail）、保存（Save）、引用（Cite）、导出（Export）、添加注释（Create Note）、永久链接（Permalink）。

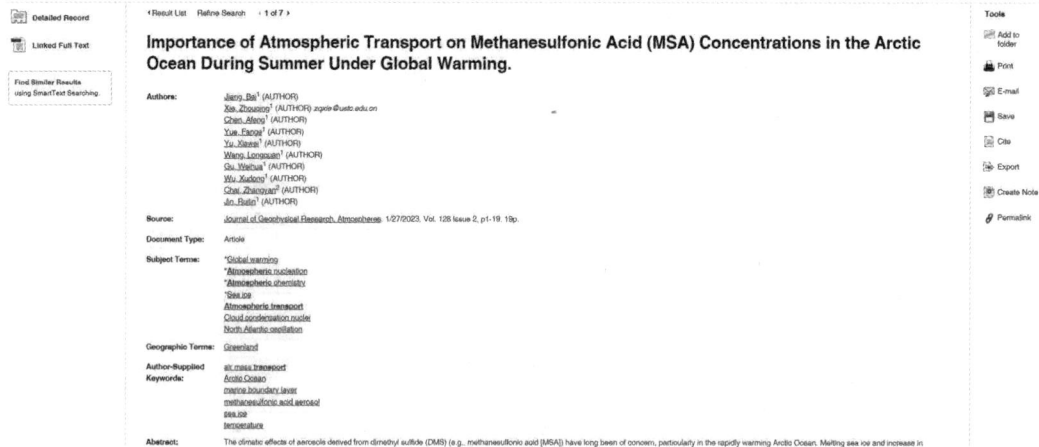

图 7-12　ASP & BSP 数据库文献详细信息界面

可以将检索结果保存为 HTML 文章链接、标准字段格式（详细的引文和摘要、简单的引文、简单的引文和摘要)、引文格式(ABNT/AMA…)及自定义的字段格式,如图7-13 所示。

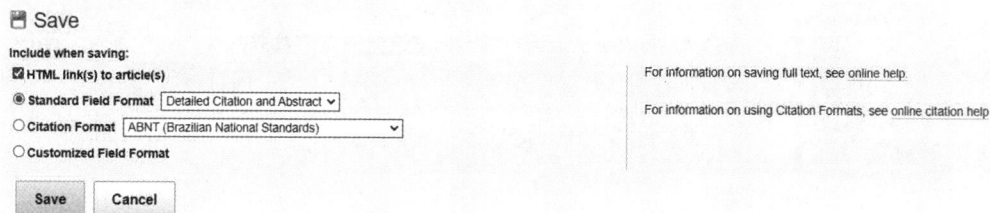

图 7-13　ASP & BSP 数据库检索结果保存格式

ASP&BSP 数据库提供多种类型的参考文献引用格式,例如 ABNT/AMA 11th Edition/APA 7th Edition/Chicago 17th Edition(Author-Date)/Harvard:Australian/Harvard/Chicago 17th Edition(Notes & Bibliography)/MLA 9th Edition/Vancouver/ICMJE。

ASP&BSP 数据库提供多种类型的文献导出格式,可以直接以 RIS 格式导出(例如 CITAVI、EasyBib、EndNote、ProCite、Reference Manager、Zotero),或者使用通用文献目录管理软件格式、XML、BibTeX、MARC21 格式等。

ASP&BSP 数据库文献详细信息界面工具栏中提供了 Listen 功能,EBSCO 平台采用 Using Text-To-Speech 可以朗读 HTML 文章。通过下拉菜单可以选择希望阅读文章的口音。通过图标设置阅读的速度和文字突出显示选项(单词颜色、句子颜色、文本颜色)。可以选择阅读全文,也可以选择只阅读文章的一部分。还可以将阅读内容下载成 MP3 文件。文献详细信息界面的工具栏中还提供 Translate 功能,可以将文章翻译成需要的语言。

五、BSI 数据库

利用 BSI 数据库查找非刊类出版物(如国家经济/产业报告、公司 SWOT 分析等),该平台包括 Business Source Premier、Regional Business News 两个数据库,根据需要选择相应的数据库,如图 7-14 所示。

图 7-14　BSI 选择数据库界面

BSI 数据库同样提供基本检索、高级检索、出版物检索、图像检索等检索方式。如图 7-15 所示，基本检索字段包括关键字、公司、行业、作者、出版物、主题。

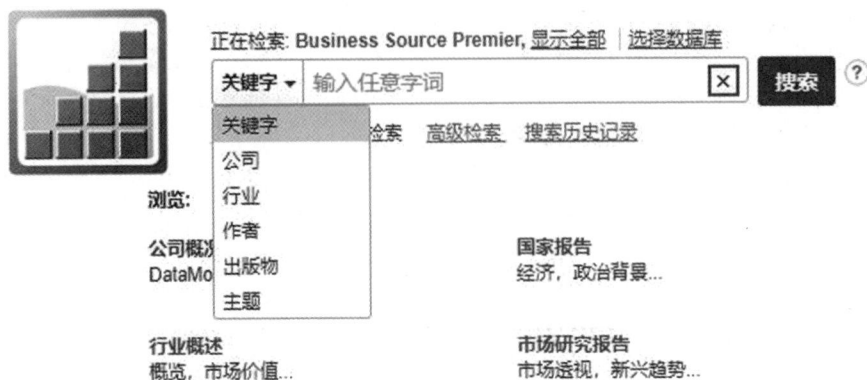

图 7-15　BSI 数据库基本检索界面

如图 7-16 所示，BSI 数据库高级检索方式的字段包括摘要、所有文本、作者、出版日期、ISBN、ISSN、出版物类型、来源、主题词语、标题。

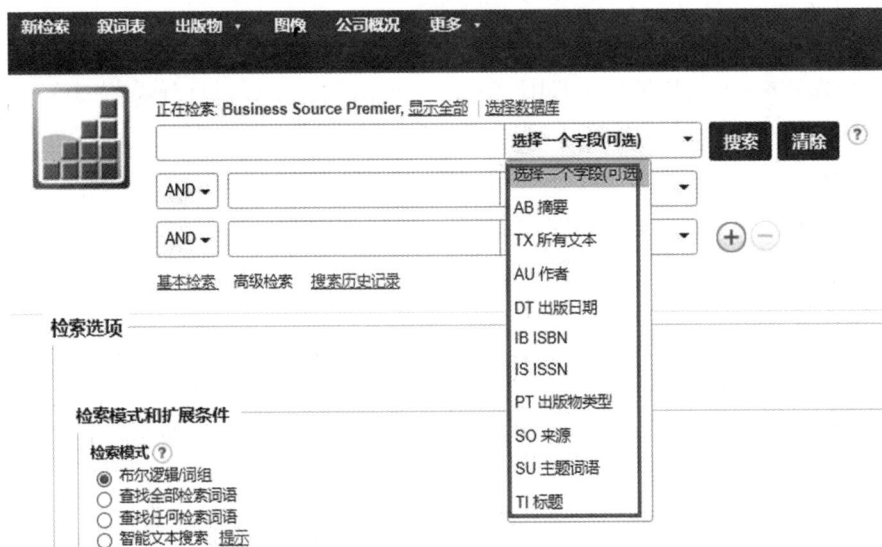

图 7-16　BSI 数据库高级检索界面

BSI 数据库的出版物浏览同样可以按照字母顺序、主题和说明及匹配任意关键词方式进行浏览，同时提供叙词表和索引浏览方式。

使用 BSI 数据库可以浏览公司概况、国家报告、行业概述、市场研究报告。浏览市场研究报告中有关 SWTO 分析方面的报告。报告详细信息界面提供来源、文献类型、主题词语、地理术语、公司/实体、NAICS/行业代码、摘要、入藏编号、数据库等信息。可下载 PDF 全文，详细记录界面提供打印、发送邮件、添加到文件夹、引文格式、保存格式、永久链接等工具。

第三节　实训练习

（1）请使用 ASP&BSP 数据库查找期刊 *B.E.Journal of Economic Analysis & Policy：Advances in Economic Analysis & Policy* 的相关信息。

（2）请使用 ASP&BSP 数据库查找企业信息 "B. L. Kashyap & Sons Limited MarketLine Company Profile"。

（3）请使用 ASP&BSP 数据库查找企业 "51job Inc" 的市场报告。

（4）请使用 ASP&BSP 数据库的基本检索功能查找有关 "Green finance" 方面的文献资源，将检索结果按照相关性排序。

（5）请使用 ASP&BSP 数据库的高级检索功能查找有关 "Financial risk" 和 "Model inspection" 方面的文献资源，并将检索结果按照相关性排序。

（6）请使用 BSI 数据库查找中国国际航空有限公司 SWOT 分析报告（Air China Ltd SWOT Analysis）。

（7）请使用 BSI 数据库查找 *Canada Country Review* 的最新一期报告。

第八章 ProQuest Research Library 检索技巧及应用

第一节 ProQuest Research Library 数据库介绍

一、ProQuest

ProQuest 公司起源于 1938 年，现提供全球学术信息，例如 ProQuest 系列学术数据库、第三方数据库（如美国心理学会数据库）、Dialog、Ebook Central、RefWorks、Pivot、Chadwyck-Healey、UMI、eLibrary、SIRS、CultureGrams，以及 Ex Libris 系列图书馆管理系统等。

ProQuest 公司通过 ProQuest 平台提供六十多个文献数据库，包含文摘题录信息和部分全文。自 2012 年起，原剑桥科学文摘（Cambridge Scientific Abstracts，CSA）平台的数据库全部合并到 ProQuest 平台。这些数据库涉及商业经济、人文社会、医药学、生命科学、水科学与海洋学、环境科学、土木工程、计算机科学、材料科学等广泛领域，包含学位论文、期刊、报纸等多种文献类型，值得一提的是其拥有著名商业经济数据库 ABI 和全球最大的学位论文数据库 PQDT，还有原 CSA 平台丰富的特色专业数据库。ProQuest 新平台新增系列深度索引数据库（Deep Indexing），对文献中包含的图表图形进行深度标引，有利于研究人员迅速检索、发现有用信息。

二、数据库收录范围

ProQuest Research Library（综合学术期刊数据库，简称 PRL）数据库是世界知名的综合学科期刊全文数据库；收录 1971 年至今商业出版社，行业出版社，学、协会出版社，大学出版社，政府机构出版部门出版的超过 7100 余种出版物。其中包括学术期刊、行业杂志、博士论文、硕士论文、报纸、研究手稿、会议论文与会议录等。内容覆盖自然科学、工程科学、医学、心理学、军事科学、社会科学、商学、经济学、教育学、文学、语言学、历史学、法学、艺术等超过 150 个重要的学科领域。

ProQuest Research Library 数据库收录的刊物来自 1600 多家出版机构，包含主流出版商、学术团体、专业协会、大学出版社，如 Emerald、Nature Publishing Group、Palgrave Macmillan、American Geophysical Union、American Concrete Institute、American Council on the Teaching of Foreign Languages、Cambridge University Press、Johns Hopkins University Press 等。

ProQuest Research Library 数据库所收录了 1971 年以来的期刊文摘和 1986 年以来的期刊全文，每日更新。该数据库不仅为读者提供各研究领域的权威性学术期刊内容，还提供行业杂志、白宫通讯（White House Press Releases）、全球知名报纸、各类研究报告、博客等多元化的资源。ProQuest Research Library 数据库资源类型包括文摘和索引、文本全文等，包括学术期刊、行业杂志、报纸、报告、公司新闻、博客、播客和网站、会议论文、音频和视频作品、研究手稿等。

第二节　ProQuest Research Library 数据库功能及利用

一、PRL 首页

ProQuest Research Library 数据库首页界面显示基本检索、高级检索、出版物、浏览、数据库链接，右上角为近期检索、所有条目、我的检索和语言选择、帮助的链接。通过"更改数据库"可以根据需要选择检索数据库，如图 8-1 所示。

二、基本检索

ProQuest Research Library 数据库的基本检索功能采用的是一框式检索，如图 8-2 所示，在检索框内输入一个或多个字，然后单击检索即可，系统默认在所有所选数据库的所有文档的所有字段（包括任何可用的摘要或全文文献）中查找输入的检索词。输入多个检索词时，系统默认检索词之间是逻辑"与"的关系。精确检索短语时，可以使用英文半角状态下的双引号将检索词括起。

限制检索的方式有两种：选择全文文献复选框可仅查找含有完整全文文献的文档，或清除该复选框以便只查找引文或摘要；选择同行评审复选框将搜索范围限制在已由同一领域的人评估过的研究，以保证质量。

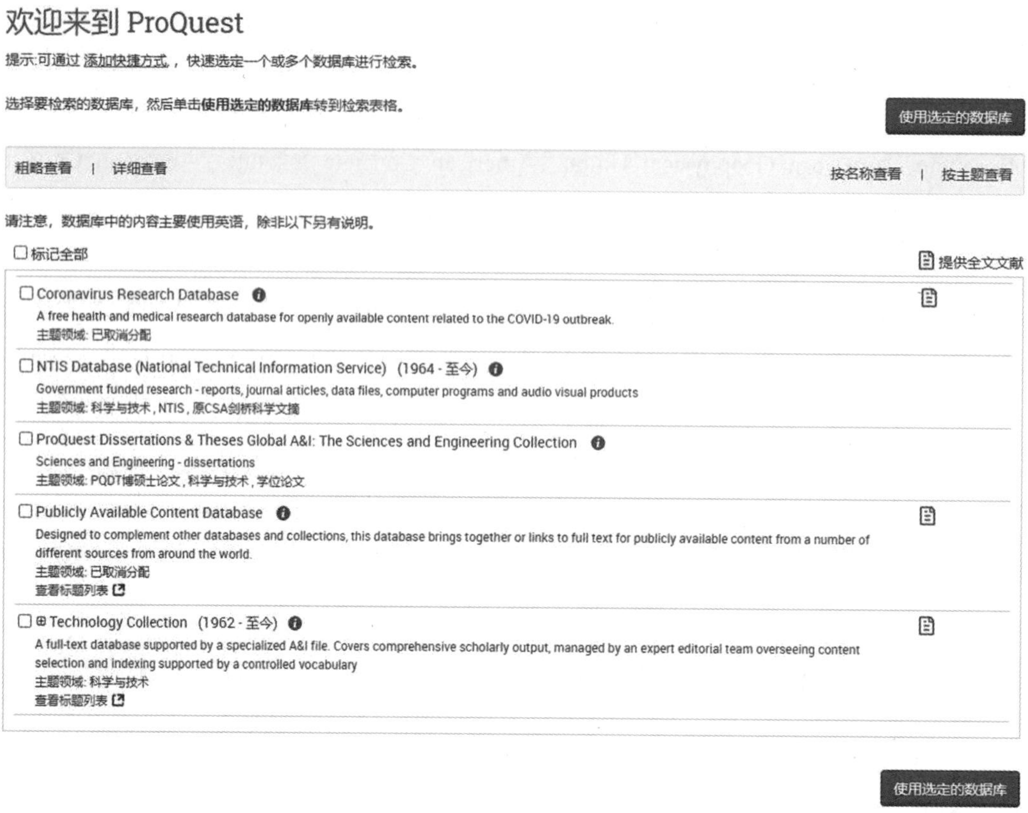

欢迎来到 ProQuest

提示:可通过 添加快捷方式，，快速选定一个或多个数据库进行检索。

选择要检索的数据库，然后单击**使用选定的数据库**转到检索表格。

使用选定的数据库

| 粗略查看 | 详细查看 | | 按名称查看 | 按主题查看 |

请注意，数据库中的内容主要使用英语，除非以下另有说明。

☐ 标记全部　　　　　　　　　　　　　　　　　　　　　　　　　　　　📄 提供全文文献

☐ Coronavirus Research Database ℹ️　　　　　　　　　　　　　　📄
　A free health and medical research database for openly available content related to the COVID-19 outbreak.
　主题领域: 已取消分配

☐ NTIS Database (National Technical Information Service) (1964 - 至今) ℹ️
　Government funded research - reports, journal articles, data files, computer programs and audio visual products
　主题领域: 科学与技术，NTIS，原CSA剑桥科学文摘

☐ ProQuest Dissertations & Theses Global A&I: The Sciences and Engineering Collection ℹ️
　Sciences and Engineering - dissertations
　主题领域: PQDT博硕士论文，科学与技术，学位论文

☐ Publicly Available Content Database ℹ️　　　　　　　　　　　　📄
　Designed to complement other databases and collections, this database brings together or links to full text for publicly available content from a number of different sources from around the world.
　主题领域: 已取消分配
　查看标题列表 🔗

☐ ⊞ Technology Collection (1962 - 至今) ℹ️　　　　　　　　　　　📄
　A full-text database supported by a specialized A&I file. Covers comprehensive scholarly output, managed by an expert editorial team overseeing content selection and indexing supported by a controlled vocabulary
　主题领域: 科学与技术
　查看标题列表 🔗

使用选定的数据库

图 8-1　ProQuest Research Library 数据库选择界面

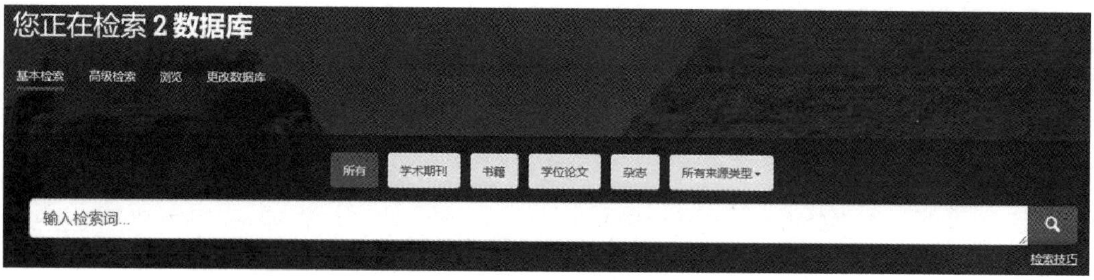

您正在检索 2 数据库

| 基本检索 | 高级检索 | 浏览 | 更改数据库 |

| 所有 | 学术期刊 | 书籍 | 学位论文 | 杂志 | 所有来源类型▾ |

输入检索词...　　　　　　　　　　　　　　　　　　　　　🔍

检索技巧

图 8-2　ProQuest Research Library 数据库基本检索界面

三、高级检索

ProQuest Research Library 数据库的高级检索功能是指通过对多个字段间的组配进行检索，如图 8-3 所示。高级检索字段代码如表 8-1 所列。

高级检索　命令行　词库　字段代码　检索技巧

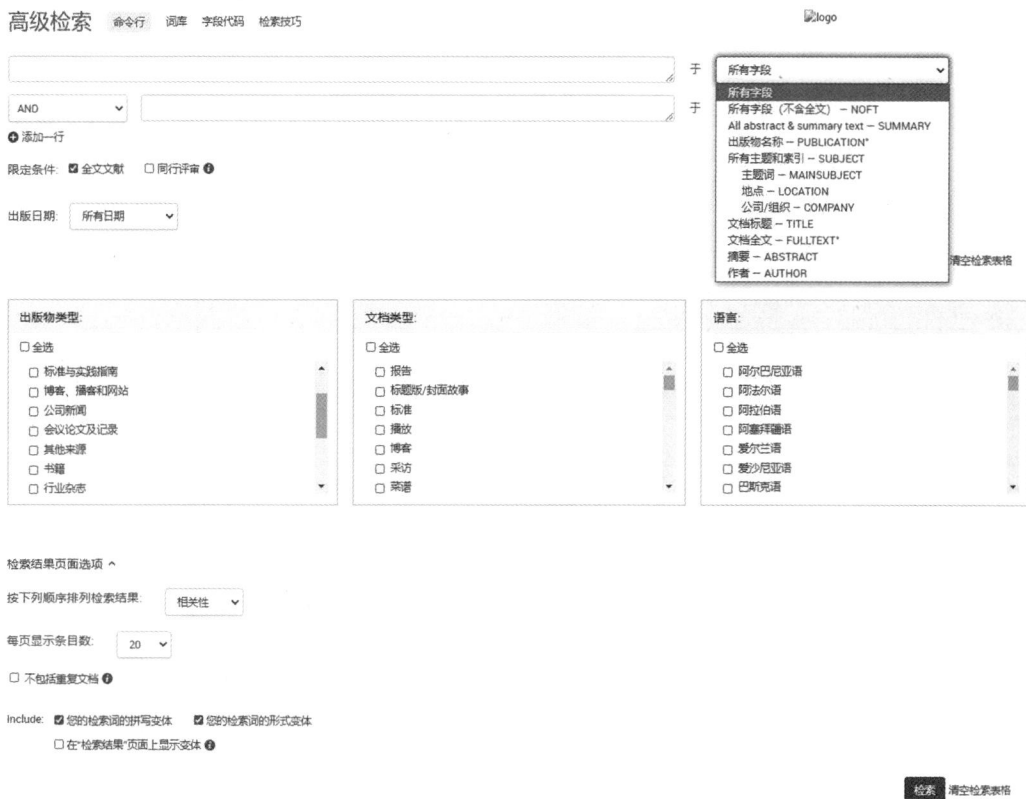

图 8-3　ProQuest Research Library 数据库高级检索界面

表 8-1　ProQuest Research Library 数据库高级检索字段代码

字段	代码	字段	代码
Abstract	AB	Document title	TI
Anywhere except full text	ALL	Location	LOC
Author	AU	Person	PER
Company/org	ORG	Publication title	PUB
Document text	FT	Subject heading(all)	SU

　　限制检索条件包括全文文献、同行评审。选择全文文献复选框可仅查找含有完整全文文献的文档，或清除该复选框以便只查找引文或摘要。选择同行评审复选框可仅查找相关学科主题专家评审过的文档。使用日期范围下拉列表可将检索限制在特定时间范围内发布的文档。限制项字段如表 8-2 所列。

　　出版物类型可以将检索结果限制为一个或多个出版物类型，如百科全书和参考工具书、报告、报纸、标准与实践指南、博客、播客和网站、公司新闻、会议论文及记录等。具体来源类型列表与当前选择的数据库有关，不同数据库来源的类型不同。

　　文档类型可以将检索结果限制为一个或多个文档类型，如报告、标题版/封面故事、标准、播放、博客、采访、菜谱、文章、音频/视频剪辑、诗歌等。具体文档类型列表与当前选择的数据库有关，不同数据库文档的类型不同。

语言可以将检索结果限制为用一种或多种语言，如用阿拉伯语、德语或梵语等出版的文档。具体语言列表与当前选择的数据库有关，不同数据库的语言不同。

常用字段代码如表 8-3 所列。

表 8-2 ProQuest Research Library 数据库检索限制项字段

字段	代码	例子
Abstract included	ABANY	ABANY(yes)-retrieves documents that include the abstract
Full text	FTANY	FTANY(yes)-retrieves documents that provide full text
Peer reviewed	PEER	PEER(yes)-retrieves documents that are peer reviewed
Scholarly	SCHOL	SCHOL(yes)-retrieves documents that are scholarly

表 8-3 ProQuest Research Library 数据库常用字段代码

字段	代码	例子
Abstract	AB	AB(food)
Accession number	AN	AN(1713554)-searches both the ProQuest document ID(applied to all documents) and the 3rd party document ID(applied to some databases, such as PsycINFO)
Author	AU	AU(smith)
Document feature	DF	DF(maps)
Document text	FT	FT(food)
Document title	TI	TI(food)
Document type	DTYPE	DTYPE(literature review)
ISBN	ISBN	ISBN(3-926608-58-7)(hyphens optional)
		ISBN(3926608587)
ISSN	ISSN	ISSN(10673881)
		ISSN(1067-3881)(hyphens optional)
Issue	ISS	ISS(23)
Language	LA	LA(french)
Location as subject	LOC	LOC(france)
Person as subject	PER	PER(smith)

表8-3(续)

字段	代码	例子
Publication date	PD	Year, month, day： PD(YYYYMMDD)-> PD(19900504) Year and month： PD(nov and 1990) PD(YYYYMM)-> PD(199011) Year only： PD(1990)
Publication year	YR	YR(2005)
Publication title	PUB	PUB(wall street journal)
Source type	STYPE	STYPE(newspapers)
Subjects	SU	SU(higher education)
Last update date	LUPD	LUPD(20110504)
Volume	VO	VO(85)

四、命令行检索

ProQuest Research Library 数据库的命令行检索使用运算符将不同字段的检索词组合起来。命令行检索不区分大小写；默认设置在全文文献范围内检索，可以更改设置；可以使用通配符和截词字符；可以在不以特定检索字段为目标的任何检索框中使用命令行语法。短语检索时，使用英文半角状态下的双引号，如 "healthy eating"。命令行检索字段代码如表 8-4 所列，命令行检索运算符、字段和特殊字符如表 8-5 所列。

表 8-4　ProQuest Research Library 数据库命令行检索字段代码

字段名称	字段代码	字段名称	字段代码	字段名称	字段代码
Abstract	AB	HBond donor	HBD	PQ subject	PSUB
Accession number	AN	Holding library	HL	Predictive model	EQ
Address	ADR	Indicator	IND	Price quoted	PQ
Advisor	ADV	Influence	IFL	Print publication date	PPD
Age	AE	Input center number, ASFA	TR	Process	PRC
Agency	AG	Instrument	INS	Producer	PRODUCER
Amount note	AMN	International classification	IC	Product as subject	NP
Anywhere except full text	ALL	Inventor	INV	Publication date	PD

表8-4（续）

字段名称	字段代码	字段名称	字段代码	字段名称	字段代码
Article geographic terms	ALOC	ISBN	ISBN	Publication editor	JED
Article subject terms	ASUT	ISSN	ISSN	Publication subject	JSU
Article taxonomic terms	ATX	Issue	ISS	Publication type	RTYPE
Articles about US Hispanics	USHIS	Journal title	JN	Publication year	YR
Auditor	AUD	Keywords/identifiers	IF	Publication/order number	DISPUB
Author affiliation	AF	Language	LA	Publication title	PUB
Authors	AU	Last revision date	LR	Publication title (includes title history)	PUBALL
Availability	AV	Latitude & longitude	LL	Publisher	PB
Available for licensing region	ALIC	LC control number	LC	Publisher city (IBA only)	PBCITY
Book title	BK	Lecture/series	LEC	Publisher location	PBLOC
Caption	CAP	Linguistic topic	LSU	Rating	RAT
Category（table/figure type）	FIGT	Lipinski values	LIP	References	REF
Cited author	CAU	Literary genre	LGR	Registry number	RN
Cited document title	CTI	Literary source	LSO	Related work	RW
Cited publication title	CPUB	Literary technique	LT	Report number	RP
Cited year	CYR	Literary theme	LTM	Requirements	RQ
Classification	CC	Location as subject	LOC	Resource location	RL
CODEN	CODEN	Location of work	LOW	Reviewed work	RV
Column	COL	Major EMBASE	MJEMB	Revision	REV
Committee member	CMT	Major MeSH	MJMESH	Rotational bonds	ROT
Company	CO	Major subject	MJSUB	Route of administration	RO
Company as subject	ORG	Manuscript type	MTYPE	Scholar	SCR
Company type	CTY	Map information	MP	Scholarly approach	SAP
Conference sponsor	CS	Market rating	MKR	Scholarly theory	STH
Conference	CF	Market segment	SEG	Scholarly tool	STO
Conference title	CFTI	Material	ML	School name/code	SCH
Contact individual	CX	Material classification	MC	Section	SEC

表8-4(续)

字段名称	字段代码	字段名称	字段代码	字段名称	字段代码
Copyright	CY	MeSH subjects	MESH	Series	SR
Corporate author	CA	Media	MD	Shelfmark	SH
Country	CNT	Methodology	ME	Source type	STYPE
Country name	RG	Molecular formula	MF	Specific language	SLA
Dateline	DLN	Molecular weight	MW	Speed rating	SPR
Degree	DG	Monograph title	MT	Sponsor	SP
Department	DEP	NAICS	NAICS	Sponsor type	SPT
Development history	HI	National literature	NL	Sponsoring organization	SPORG
Digital Object Identifier	DOI	New chemical entity	NCE	Start page	PAGE
Director	DIRECTOR	Non-polymer material	NM	Status	ST
Document feature	DF	Notes	NT	Study names/ identifiers	STI
Document text	FT	Novelty rating	NVR	Subfile	SFL
Document title	TI	Number of references	NR	Subject-author	SAU
Document type	DTYPE	Object geographic terms	OLOC	Subject-language	SUL
Drug originator	DOR	Object taxonomic terms	OTX	Subject-work	SWK
Edition	EN	Online publication date	OPD	Subject-work (translated title)	TWK
Editor	ED	Organizer	ON	Subject area	SBA
Education level	LV	Origin of substance	OS	Subject/artist	SA
Email address	EA	Original title	OTI	Subjects	SU
EMBASE subjects	EMB	Other contributors	OAU	Substance	DN
Environmental regime	ER	Other numbers	NU	Substance	SUBST
EPA number	EPA	Patent applicant	AP	Summary language	SL
Fax	FA	Patent application data	PA	Supplement	SUPP
Folklore	FK	Patent country	PC	Supplemental file types	SPTYPE
Format availability	FV	Patent information	PAT	Table of contents	TOC
Format covered	FC	Patent issue date	PI	Target audience	TA
Fortune rank	FORT	Patent number	PN	Target data	TG
Frequency of publication	FQ	Patent priority country	PPC	Taxonomic terms	TXTERM
From database	FDB	Patent priority data	PR	Tests & measures	TM

表8-4(续)

字段名称	字段代码	字段名称	字段代码	字段名称	字段代码
Full description	MEC	Patent priority date	PRD	Therapeutic class	TC
Funding amount	AM	Patent priority number	PRN	Therapy status	TST
Funding type	FTYPE	Patent publication country	PBC	Ticker symbol	TKS
Gallery	GA	Patent publication date	PDA	Time period	TPR
General literary topic	GSU	Person as subject	PER	Total rating	TRAT
Generic name	GN	Pharmacokinetic data	PK	Trade name	TN
Genetic sequence	GQ	Phase	PHS	Treatment	TT
Geologic time	GT	Phone number	TE	Update date	UD
Grant information	GI	Physical description	PH	Volume	VO
Group	GRP	Place of publication	CP	Volume/issue DVI	DISVOL
HBond acceptor	HBA	Population	POP	Word count	WC

表 8-5　**ProQuest Research Library** 数据库命令行检索运算符、字段和特殊字符

运算符	说明	示例
AND	查找包含所有字词或短语的文档	food AND nutrition
	使用 AND 可缩小检索范围并获取较少的结果	
OR	查找包含任何字词或短语的文档	food OR nutrition
	使用 OR 可扩大检索范围并获取更多的结果	
NOT	查找包含其中一个检索词语而不包含其他检索词语的文档	nursing NOT shortage
NEAR/n 或 N/n	查找包含间隔指定数量字词的两个检索词(任意顺序)的文档。将 "n" 替换为数字。例如，3 表示在 3 个字词中	nursing NEAR/3 education；media N/3 women
	单独使用时，NEAR 默认为 NEAR/4	
	当将 NEAR 缩短为 N 时，必须加上数量。例如，internet N/3 media。如果检索 internet N media，ProQuest 将 N 视为检索词，而非近似运算符	
PRE/n 或 P/n 或 -	查找包含一个检索词语先于另一个词语指定字数的文档	nursing PRE/4 education；shares P/4 technologies；护理教育
	用一个数字代替 "n"。例如，4 表示第一个词先于第二个词 4 个字或更少	
	连字符 "-" 可连接检索中的两个词语，等同于 PRE/0 或 P/0	

表8-5(续)

运算符	说明	示例
EXACT 或 X	在全部内容中查找准确检索词语。主要用于检索特定字段，如"主题"。例如，su.exact("higher education")检索将返回包含主题词"higher education"的文件，而不会是带有"higher education funding"主题词的文件	SU.EXACT("higher education")； SU.X("higher education")
	"运算符优先级"列表中不包含"EXACT"(完全匹配)。与 AND 或 PRE 等所列运算符不同，EXACT 既不是布尔运算符，也不属于临近运算符。EXACT 可根据"完全匹配"词语的精确检索词指定检索，不返回包含检索词的多词检索结果	
LNK	通过在"词库"窗口选择适当的限定符，或通过在"基本检索""高级检索"或"命令行检索"中使用 LNK(或——)，将描述词链接到副标题(限定符)	MESH(descriptor LNK qualifier)； MESH("aspirin"LNK"adverse effects")； MESH("aspirin—adverse effects")； IND("dry eye")； LNK RG(Canada) 将检索已标示加拿大地区治疗干眼症的药物的文件
	此外，一起链接两个相关的数据元素，以确保检索的适当特异性	
	"运算符优先级"列表中不包含 LNK。与 AND 或 PRE 等所列运算符不同，LNK 既不是布尔运算符，也不属于临近运算符。使用 LNK 可帮助在指定检索查询中限定词与检索词之间的精确关系	

运算符优先级为 PRE>NEAR>AND>OR>NOT。

例如，检索：education AND elementary NOT secondary。

将按照此顺序解释：(education AND elementary)NOT secondary。

由于 education AND elementary 是最先解释的，检索将返回讨论 elementary education 的 education 结果，而不是关于 secondary education 的结果。

通过配符和截词字符如表 8-6 所列。

表 8-6　ProQuest Research Library 数据库通配符和截词字符

字符	说明	示例
?	通配符用于替换某个字词内部或结尾的任何一个字符。可使用多个通配来表示多个字符	Nurse? 可找到 nurses、nursed，但不是 nurs； sm? th 可找到 smith 和 smyth； ad??? 可找到 added、adult、adopt；

表8-6(续)

*	截词字符(*)检索检索词的变体。在检索词开头(左侧截词)、结尾(右侧截词)或中间使用截词字符。每一个截词字符可以返回最多500个词的变体	Nurse*可找到nurse、nurses、nursed;colo*r可找到colour、color;*old可找到told、household、bold;[*5]beat可找到upbeat、downbeat、offbeat、heartbeat
	标准截词(*检索检索词的变体,最多可替换10个字符	
	限定截词([*n]或$n)可替换多达指定字符数的字符,例如[*50]。可输入的最大字符数为125	
$n or[*n]	$n和[*n]是用来表示想截断多少个字符的等效运算符。	nutr$5,nutr[*5]可找到nutrition、nutrient、nutrients
<	小于。用于像出版年份的数字领域	YR(<2005)
>	大于。用于像出版年份的数字领域	YR(>2005)
<=	小于等于。用于像出版年份的数字领域	YR(<=2005)
>=	大于等于。用于像出版年份的数字领域	YR(>=2005)
-	在检索数字字段(如出版日期)时,使用连字符表示检索范围	YR(2005-2008)

注:根据相关性排序结果时,不考虑使用截词字符*或通配符?检索到的任何词语。

ProQuest Research Library 数据库会忽略检索词中的标点符号字符,例如句号、逗号和冒号。如要检索包含下标或上标字符的化学式,可按照正确顺序输入所有字符。例如,输入 CH3CH2OH 能正确检索出乙醇(CH_3CH_2OH)化学式的匹配项。

无用词是指进行检索时,一些搜索引擎会忽视可能包含的常见词语,即"无用词",例如冠词 a、an 和 the 和介词 from、with 和 of。只有在检索词中标记出这些词语(通常是将这些词语放于圆括号或方括号中),搜索引擎才会检索这些词语。PRL 数据库不会应用任何无用词列表。例如,如果输入"cat in the hat",PRL 数据库会针对"cat AND in AND the AND hat"进行检索。检索结果的默认相关性排序会将包含检索词的所有文档(通常包含"cat in the hat")列于结果列表顶部。

变音符包含元音变音(Ä)或重音符等变音符的索引和内容词语可以包含不一致的标记,或不包含任何标记。由于存在不一致,PRL 数据库会忽略这些标记。例如,输入 før(丹麦语的"之前")不会仅检索 for,同时还会检索出包含 för、fôr 和 fòr 的所有记录。针对以上任意词语的检索会得到同样的结果。

五、出版物检索

ProQuest Research Library 数据库也提供了出版物检索功能。如图 8-4 所示，在出版物标题中、标题开头、出版物摘要中、主题中进行检索；或者按照摘要、标题的字母顺序浏览。根据所选数据库的不同，可检索或浏览的全文文献出版物有所不同。可从出版物类型（包括学术期刊、行业杂志、报告、杂志、会议论文及记录、书籍、博客、播客和网站、公司新闻、报纸、研究手稿、音频和视频作品、标准与实践指南）、出版物主题、语言、出版商、数据库等维度对出版物进行分析。

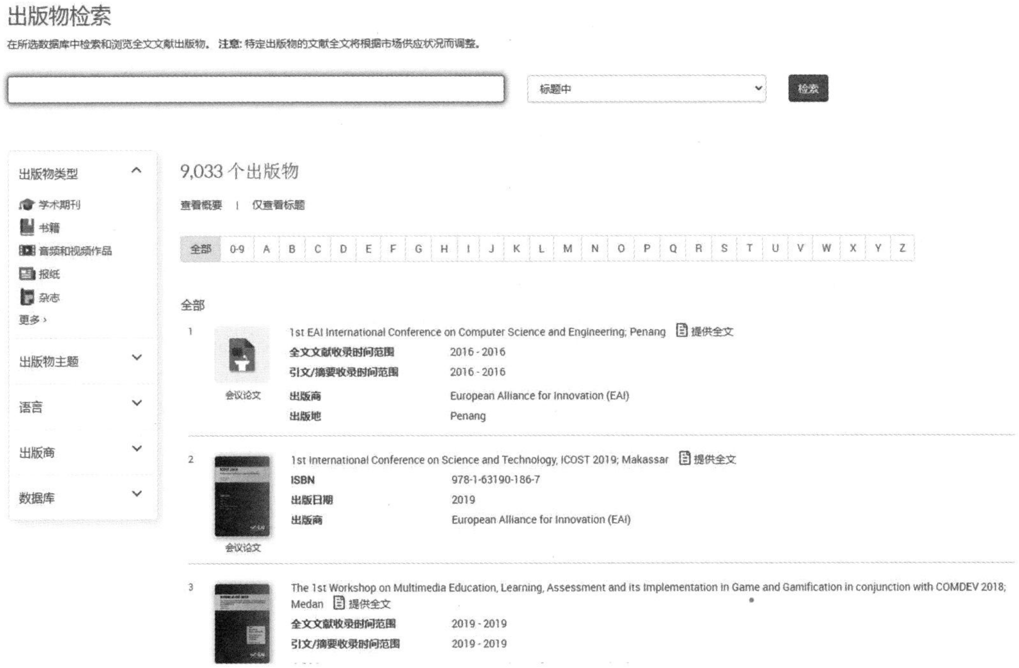

图 8-4　PRL 数据库出版物检索界面

六、检索结果分析与利用

ProQuest Research Library 数据库在检索结果界面中提供二次检索功能，如图 8-5 所示，在检索结果界面上方显示本次检索的命令行，可以针对检索结果在命令行中添加检索字段和检索词，对检索结果进行二次检索。也可以对检索结果增加全文文献、同行评审两种限定条件。PRL 数据库也提供对检索结果的聚类分析功能，可以从出版物类型（包括学术期刊、行业杂志、报告、会议论文及记录、图书等）、出版日期、主题、文档类型（包括专题文章、文章、工作文件/预印本、学位论文、更正/撤回、会议记录等）、语言、出版物名称、地点、数据库、人名、公司/组织等角度，对检索结果进行筛选。针对大部分检索结果，ProQuest Research Library 数据库提供了 html 格式文摘和全文，html 格式全文提供在线聆听和下载 MP3 文件功能；提供了参考文献、引用人、共享参考文献、相关题目，以便于获得相关研究资料；提供了单篇文献的信息处理（引用、发电子邮件、打印、保存）功能。

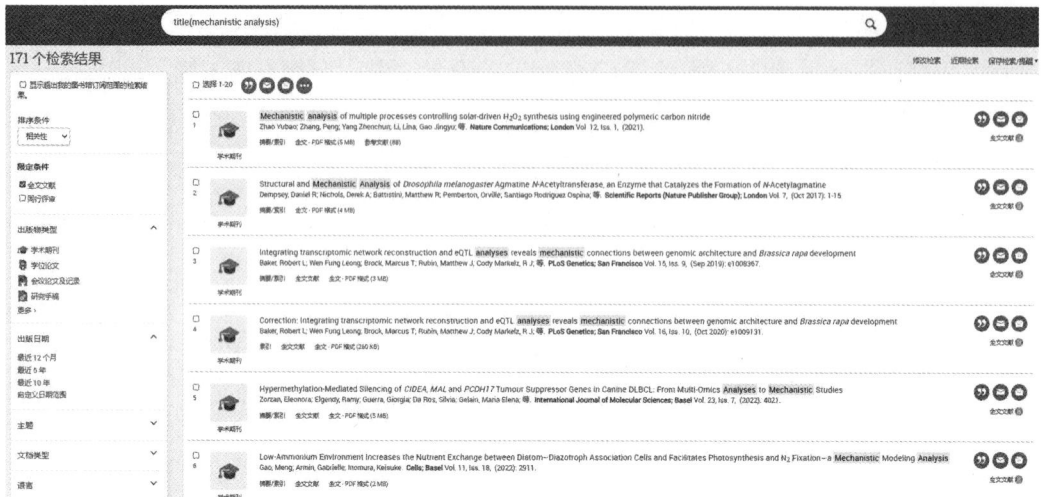

图 8-5 PRL 数据库检索结果界面

ProQuest Research Library 数据库提供了多种类型的引用格式，如图 8-6 所示，可以根据需要选择具体的引用格式，也可以将检索结果保存成 RefWorks、EndNote、Citavi、Mendeley 等文献管理软件格式。

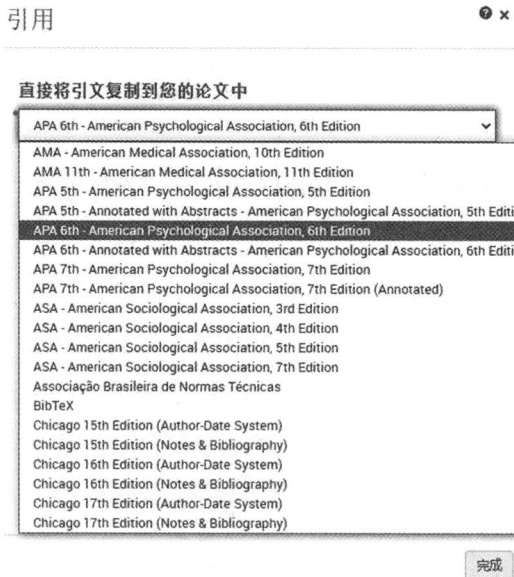

图 8-6 PRL 数据库提供多种引文格式

ProQuest Research Library 数据库在检索结果中提供全文 PDF 链接，可以直接下载全文。如图 8-7 所示，数据库提供 PDF 格式全文，可进行下载、引用、发电子邮件、打印等操作，也可以直接查看参考文献信息。

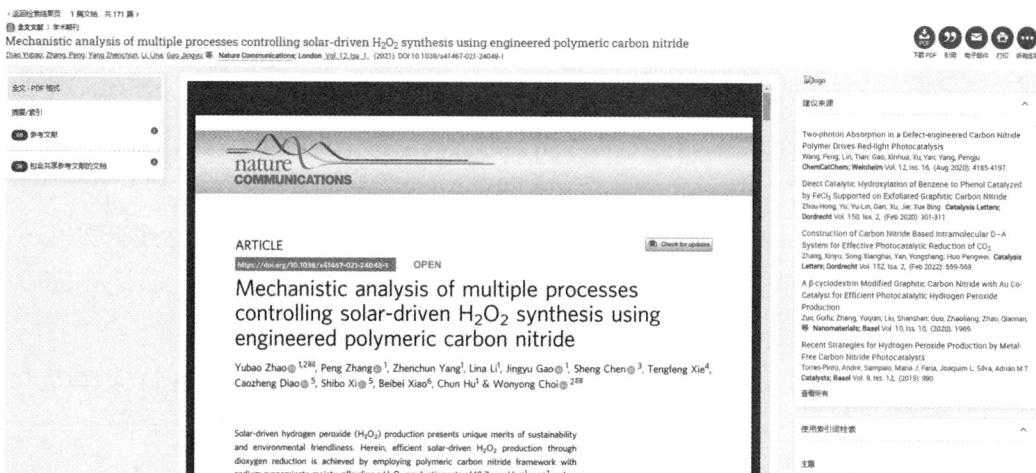

图 8-7　PRL 数据库文献详细信息界面

在文献摘要信息界面中，如图 8-8 所示，可以看到文献的索引信息，包括文献主题、标题、作者、作者机构、出版物名称、卷、期、出版年、出版日期、出版商、出版地、出版物国家/地区、出版物主题、e-ISSN、来源类型、出版物语言、文档类型、出版记录、在线出版日期、出版记录、DOI、ProQuest 文档 ID、文档 URL、版权信息等。

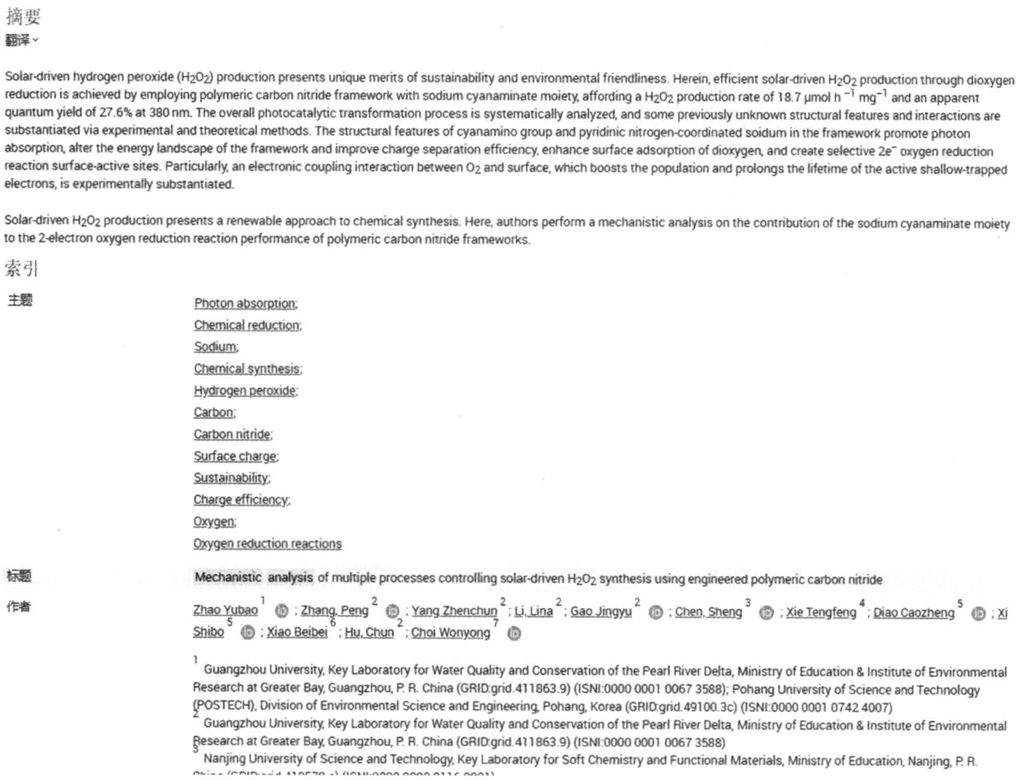

图 8-8　PRL 数据库文献在摘要信息界面

第三节　实训练习

（1）请使用 ProQuest Research Library 数据库查找最新一期 *Abstract and Applied Analysis* 期刊的情况。

（2）请使用 ProQuest Research Library 数据库查找作者 Atefeh Taheri 的学位论文 *Mechanistic insight and kinetic analysis for electron transfer and chemical bond formation by visible light* 的信息。

（3）请使用 ProQuest Research Library 数据库查找图书 *The digital economy in* 2025 的信息。

（4）请使用 ProQuest Research Library 数据库查找有关 *Hands-On Big Data Analysis with Hadoop* 3 的视频资源。

（5）请使用 ProQuest Research Library 数据库查找有关"digital economy"的政府出版物。

（6）请使用 ProQuest Research Library 数据库的高级检索功能查找有关"digital economy"和"Model analysis"方面的文献资源，并将检索结果按照相关性排序。

（7）请使用 ProQuest Research Library 数据库将第（6）题的检索结果按照 Harvard 引文格式保存到 EndNote 文献管理软件中。

（8）请使用 ProQuest Research Library 数据库将第（6）题的检索结果按照出版物类型、主题、文档类型进行筛选。

第九章　SpringerLink 检索技巧及应用

第一节　SpringerLink 数据库介绍

　　德国施普林格(Springer-Verlag)是世界上著名的科技出版集团,通过 SpringerLink 平台提供其学术期刊及电子图书的在线服务。SpringerLink 平台是全球最完备的科学、技术和医学数据库在线资源,也是迄今为止 Springer 开发出的最快、最智能化的研究平台,适应各种移动终端及智能手机,并且无数字版权管理(DRM)限制,IP 控制无并发用户限制。SpringerLink 平台整合了 Springer 的出版资源,收录文献超过 800 万篇,包括图书、期刊、参考工具书、实验指南和数据库,其中收录电子图书超过 16 万种,最早可回溯至1840 年代。平台每年新增超过 8400 种图书及 3300 份实验指南,每月新增超过 12000 篇期刊文章。

　　SpringerLink 是居全球领先地位的、高质量的科学技术和医学类全文数据库,该数据库包括各类期刊、丛书、图书、参考工具书及回溯文档。通过该平台,科研人员可在任何时间、任何地点,快速、准确地访问涵盖学科广泛的 1000 多万篇科学文献。其中包括近30 万种图书、4700 多种期刊、1500 多种参考工具书、6 万多份实验室指南及 3 万多篇学术会议论文。该平台支持移动阅读和远程认证访问,方便用户通过台式机、平板电脑或手机等终端,足不出户轻松浏览和下载文献。

　　SpringerLink 平台覆盖 24 个学科,包括生命科学、医学、数学、化学、计算机科学、经济、法律、工程学、环境科学、地球科学、物理学与天文学等。收录年限为 1996 年至今。

　　Springer 的电子图书数据库包括各种 Springer 图书产品,如专著、教科书、手册、地图集、参考工具书、丛书等。

第二节 SpringerLink 数据库功能及利用

一、SpringerLink 首页

SpringerLink 数据库首页提供了学科浏览功能(Browse by discipline),用户可以按照题名字母顺序浏览图书(Books A-Z),按照题名字母顺序浏览期刊(Journals A-Z),如图 9-1 所示。数据库首页也提供了视频学习资源(Springer Nature Video),并提供了按照资源类型浏览的方式。SpringerLink 数据库首页也对特色期刊(Featured Journals)、特色图书(Featured Books)进行了直观展示。

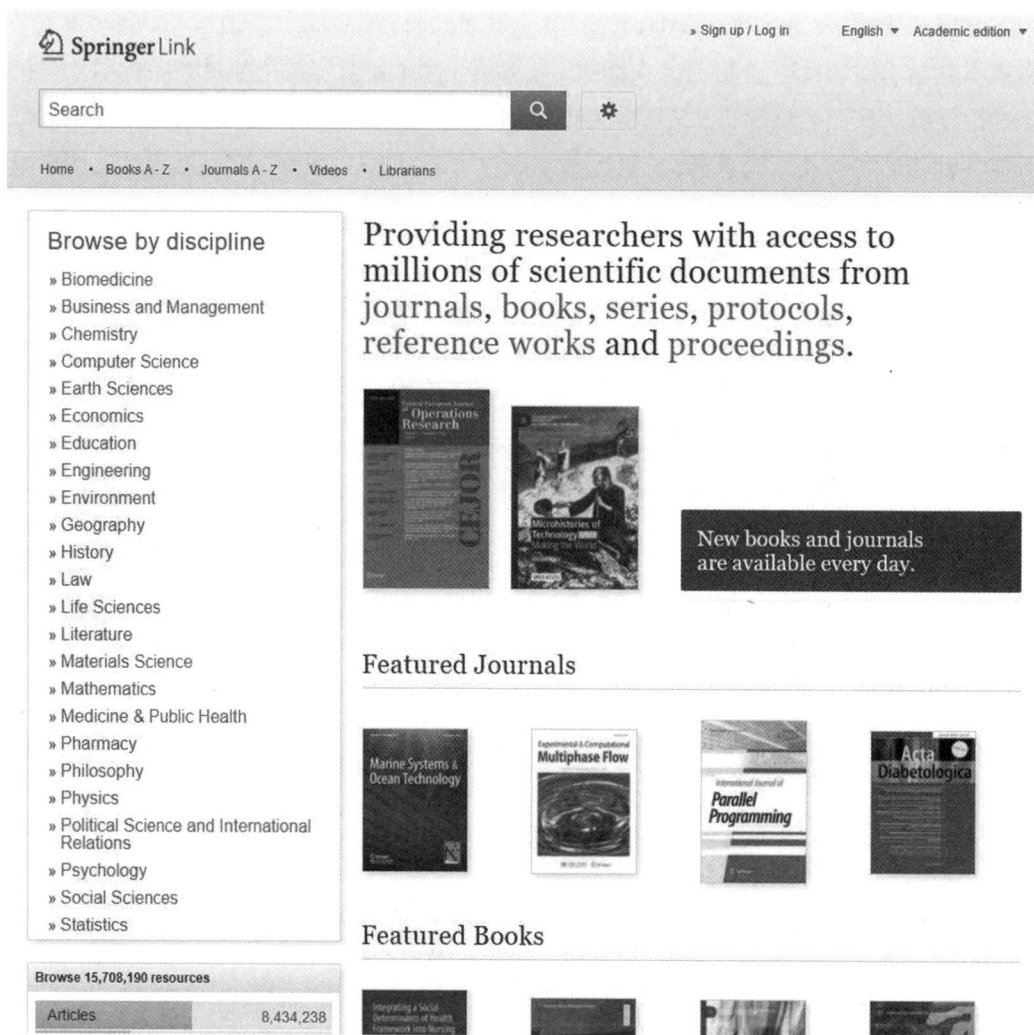

图 9-1 SpringerLink 数据库首页界面

二、简单检索

SpringerLink 数据库提供简单检索及高级检索功能。如图 9-2 所示，SpringerLink 数据库的简单检索是一框式检索，将检索词输入检索框内，点击检索即可。

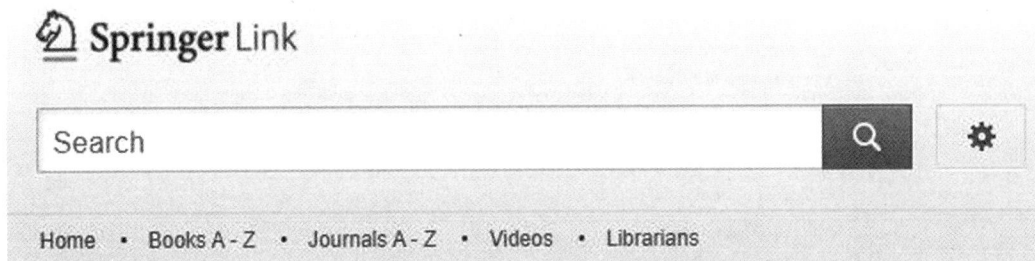

图 9-2　SpringerLink 数据库简单检索界面

在默认情况下，检索结果会返回包含检索框中输入的所有单词的结果，不区分大小写或拼写检查，也不考虑是否有内容的访问权限。

三、高级检索

SpringerLink 数据库提供的高级检索（Advanced Search），检索信息：包含以下检索词（With all the words）、包含精确检索词（With the exact phrase）、包含以下至少一个检索词（With at least one of the words）、排除以下检索词（Without the words）、题名包含以下检索词（Where the title contains）、作者/编辑（Where the author/editor is）及发表时间年代限制（Show documents published），如图 9-3 所示。在高级检索功能中，如果想要缩小检索结果的范围，可以通过检索 DOI、作者或短语，设置指定返回特定出版物或日期的检索结果来进一步优化检索。

SpringerLink 数据库支持逻辑运算符 OR（或 |）、NOT、AND（或 &），逻辑运算符不区分大小写。多个运算符的优先顺序是 NOT>OR>AND。运算符只处理自身前后的单词（NOT 只处理其后的单词）。在对整个短语进行检索时，需要使用英文半角状态的双引号"" 来保证短语检索的完整性。如果两个单词之间没有运算符，则系统默认两个单词之间是 AND 的逻辑关系。例如，plastic bottles OR water pollution 在检索时，会被系统默认为 plastic AND（bottles OR water）AND pollution，而不是预期的" plastic bottles" OR" water pollution" 。

SpringerLink 数据库支持通配符 *、?，其中通配符 * 可以代替任意数量的字母，前面至少有 3 个字符时，通配符检索效果最佳；通配符 ? 可以代替单个字母。

SpringerLink 数据库支持位置算符 NEAR/n 和 ONEAR/n，位置算符不区分大小写。

Advanced Search

Find Resources

with **all** of the words

with the **exact phrase**

with at least **one** of the words

without the words

where the **title** contains

e.g. "Cassini at Saturn" or Saturn

where the **author / editor** is

e.g. "H.G.Kennedy" or Elvis Morrison

Show documents published

	Start year	End year
between ▾		and

🔒 Include Preview-Only content ☑

Search

图 9-3　SpringerLink 数据库高级检索界面

NEAR/n 默认左侧词与右侧词距离不超过 10 个单词，单词前后顺序可以变；ONEAR/n 则相反，表示单词前后顺序不可变；可具体指定 n 的数值。

四、检索结果分析与利用

SpringerLink 数据库检索结果界面提供 New search（开始新检索）功能，可以重新输入检索词开始新的检索。单击"New search"，将清除搜索框、分面栏、日期设置，并将检索页面重置为默认设置。

数据库提供了多种筛选条件，可以对检索结果进行分析，如图 9-4 所示，分面栏目包括内容类型（Content Type）、知识领域（Discipline）、分支学科（Subdiscipline）、语言（Language）等维度。这些分析维度可以更好地精炼检索结果，满足检索需求。

检索结果界面提供按照出版日期（Data Published）排序的方式，提供全文链接，用户可以直接下载 PDF 全文或者查看文章详细信息。

在 SpringerLink 数据库检索结果界面，如果想要进一步减少检索结果，可以通过访问权限筛选检索结果，通过检索结果列表左侧的分面栏目精炼检索结果，通过时间限定（DatePublish）或再次输入检索词的方式减少检索结果。

图 9-4　SpringerLink 数据库检索结果界面

　　SpringerLink 数据库的文献详情界面提供文献题名、作者、作者单位等信息，也将全文内容进行了展示，包括文献结构、图表情况、参考文献情况等，同时也提供获取全文 PDF 的方式。用户可以通过点选文献结构信息，直接跳转到文献的具体章节中去看详细内容，如图 9-5 所示，也可以直接选择文献中的图表信息进行查看，这节省了浏览文献的时间。

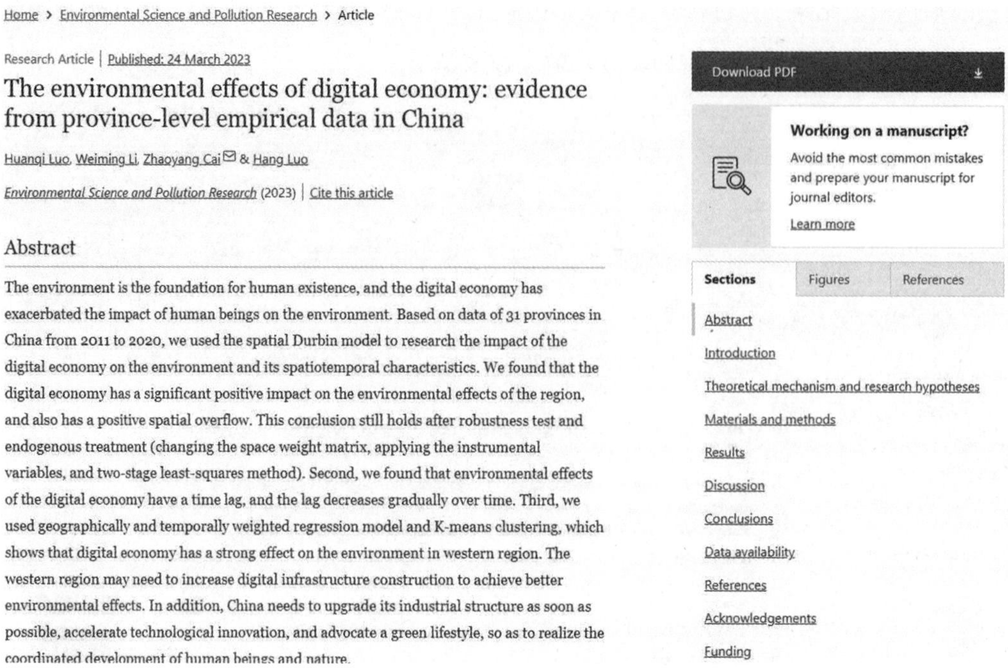

Research Article | Published: 24 March 2023

The environmental effects of digital economy: evidence from province-level empirical data in China

Huanqi Luo, Weiming Li, Zhaoyang Cai ✉ & Hang Luo

Environmental Science and Pollution Research (2023) | Cite this article

Download PDF ↓

Working on a manuscript?
Avoid the most common mistakes and prepare your manuscript for journal editors.
Learn more

Abstract

The environment is the foundation for human existence, and the digital economy has exacerbated the impact of human beings on the environment. Based on data of 31 provinces in China from 2011 to 2020, we used the spatial Durbin model to research the impact of the digital economy on the environment and its spatiotemporal characteristics. We found that the digital economy has a significant positive impact on the environmental effects of the region, and also has a positive spatial overflow. This conclusion still holds after robustness test and endogenous treatment (changing the space weight matrix, applying the instrumental variables, and two-stage least-squares method). Second, we found that environmental effects of the digital economy have a time lag, and the lag decreases gradually over time. Third, we used geographically and temporally weighted regression model and K-means clustering, which shows that digital economy has a strong effect on the environment in western region. The western region may need to increase digital infrastructure construction to achieve better environmental effects. In addition, China needs to upgrade its industrial structure as soon as possible, accelerate technological innovation, and advocate a green lifestyle, so as to realize the coordinated development of human beings and nature.

Sections | Figures | References

Abstract

Introduction

Theoretical mechanism and research hypotheses

Materials and methods

Results

Discussion

Conclusions

Data availability

References

Acknowledgements

Funding

图 9-5　SpringerLink 数据库文献详细信息界面

📐 第三节　实训练习

（1）请使用 SpringerLink 数据库查看数据库收录的 Business and Management 领域内的图书情况，并查找会议论文集 *Business Process Management Workshops*。

（2）请使用 SpringerLink 数据库查找期刊 *Mathematical Programming* 的信息。

（3）请使用 SpringerLink 数据库的简单检索功能查找有关"digital economy"的文献资源，并对检索结果按照内容类型（Content Type）进行分析。

（4）请使用 SpringerLink 数据库的高级检索功能查找题名信息中包含"digital economy"的文献资源，并对"Model analysis"进行精确检索，最后将检索结果按照相关性排序。

第十章　参考文献著录规则

在学术研究和撰写文章过程中，合理使用参考文献可以帮助用户有效地开展科学研究。写作者需要具备良好的学术道德水平，对于参考和借鉴的他人著作，需要标明出处。为满足科研写作需求，本章从《信息与文献　参考文献著录规则》(GB/T 7714—2015)中节选了比较常用的参考文献著录格式，作为标注参考文献的参考。

第一节　参考文献

按照《信息与文献　参考文献著录规则》(GB/T 7714—2015)的定义，文后参考文献是指"为撰写或编辑论文和著作而引用的有关文献信息资源"。根据《中国学术期刊检索与评价数据规范(试行)》(光盘版)和《中国高等学校社会科学学报编排规范》(修订版)的要求，很多刊物对参考文献和注释进行了区分，将注释规定为"对正文中某一内容作进一步解释或补充说明的文字"，列于文末并与参考文献分列或置于当页页脚。

一、相关术语

1. 参考文献(reference)

对一个信息资源或其中一部分进行准确和详细著录的数据，位于文末或文中的信息源。

2. 主要责任者(creator)

主要负责创建信息资源的实体，即对信息资源的知识内容或艺术内容负主要责任的个人或团体。主要责任者包括著者、编者、学位论文撰写者、专利申请者或专利权人、报告撰写者、标准提出者、析出文献的著者等。

3. 专著(monograph)

以单行本或多卷册(在限定的期限内出齐)形式出版的印刷型或非印刷型出版物，包括普通图书、古籍、学位论文、会议文集、汇编、标准、报告、多卷书、丛书等。

4. 连续出版物(serial)

通常载有年卷期号或年月日顺序号，并计划无限期连续出版发行的印刷或非印刷形式的出版物。

5. 析出文献(contribution)

从整个信息资源中析出的具有独立篇名的文献。

6. 电子资源(electronic resource)

以数字方式将图、文、声、像等信息存储在磁、光、电介质上,通过计算机、网络或相关设备使用的,记录有知识内容或艺术内容的信息资源,包括电子公告、电子图书、电子期刊、数据库等。

7. 顺序编码制(numeric references method)

一种引文参考文献的标注体系,即引文采用序号标注,参考文献表按引文的序号排序。

8. 著者-出版年制(first element and date method)

一种引文参考文献的标注体系,即引文采用著者-出版年标注,参考文献表按著者字顺和出版年排序。

9. 合订题名(title of the individual works)

由两种或两种以上的著作汇编而成的无总题名的文献中各部著作的题名。

10. 阅读型参考文献(reading reference)

著者为撰写或编辑论著而阅读过的信息资源,或供读者进一步阅读的信息资源。

11. 引文参考文献(cited reference)

著者为撰写或编辑论著而引用的信息资源。

12. 数字对象唯一标识符(digital object identifier, DOI)

针对数字资源的全球唯一永久性标识符,具有对资源进行永久命名标志、动态解析链接的特性。

二、选用参考文献的原则

(1)《中华人民共和国著作权法》第二十四条指出,在十二种情况下使用作品,可以不经著作权人许可,不向其支付报酬,但应当指明作者姓名、作品名称,并且不得侵犯著作权人依照本法享有的其他权利。其中,(一)为个人学习、研究或者欣赏,使用他人已经发表的作品;(二)为介绍、评论某一作品或者说明某一问题,在作品中适当引用他人已经发表的作品;(三)……。

(2)2013 年 1 月 30 日第 2 次修订施行的《中华人民共和国著作权法实施条例》。

(3)被用作参考文献的,应当是已经公开发表或发布的文献。同时,所选用的参考文献必须是作者亲自阅读过并对所进行的活动产生了较大影响的文献。

(4)不得引而不注或注而不引。

(5)参考文献有多个版本,应注意引用合适的版本。

(6)不得过度引用。

第二节 参考文献著录格式

一、著录信息源及编制顺序

参考文献的著录信息源是被著录的信息资源本身。专著、论文集、学位论文、报告、专利文献等可依据题名页、版权页、封面等主要信息源著录各个著录项目;专著、论文集中析出的篇章与报刊上的文章依据参考文献本身著录析出文献的信息,并依据主要信息源著录析出文献的出处;电子资源依据特定网址中的信息著录。

参考文献表既可以按顺序编码制组织,也可以按著者-出版年制组织。引文参考文献既可以集中著录在文后或书末,也可以分散著录在页下端。阅读型参考文献著录在文后、书的各章节后或书末。一般情况下,参考文献的著录按论文中引用顺序排列。

二、文献类型标志代码表

专著、期刊文献、学位论文、专利文献、标准文献等文献类型为一般著者常用的参考文献,常见的文献类型和标识代码见表10-1,电子资源载体和标识代码见表10-2。

表10-1 文献类型和标识代码

文献类型	标识代码	文献类型	标识代码	文献类型	标识代码	文献类型	标识代码
普通图书	M	期刊	J	专利	P	档案	A
会议录	C	学位论文	D	数据库	DB	舆图	CM
汇编	G	报告	R	计算机程序	CP	数据集	DS
报纸	N	标准	S	电子公告	EB	其他	Z

表10-2 电子资源载体和标识代码

载体类型	标识代码	载体类型	标识代码
磁带(magnetic tape)	MT	光盘(CD-ROM)	CD
磁盘(disk)	DK	联机网络(online)	OL

三、参考文献著录格式

按照参考文献类型不同,参考文献著录格式也不相同,常用的专著、期刊、报纸、电子文献、学位论文、报告类型参考文献节选如下。其他详细信息请参考《信息与文献参考文献著录规则》(GB/T 7714—2015)。

1. 专著著录格式

主要责任者.题名:其他题名信息[文献类型标识/文献载体标识].其他责任者.版本

项.出版地：出版者，出版年：引文页码［引用日期］.获取和访问路径.数字对象唯一标识符.

［1］陈登原.国史旧闻：第1卷［M］.北京：中华书局，2000：29.

［2］牛志明，斯温兰德，雷光春.综合湿地管理国际研讨会论文集［C］.北京：海洋出版社，2012.

［3］全国信息与文献标准化技术委员会.信息与文献　都柏林核心元数据元素集：GB/T 25100—2010［S］.北京：中国标准出版社，2010：2-3.

2. 专著中的析出文献著录格式

析出文献主要责任者.析出文献题名［文献类型标识/文献载体标识］.析出文献其他责任者//专著主要责任者.专著题名：其他题名信息.版本项.出版地：出版者，出版年：析出文献的页码［引用日期］.获取和访问路径.数字对象唯一标识符.

［4］FOURNEY M E.Advances in holographic photoelasticity［C］// American Society of Mechanical Engineers.Applied Mechanics Division.Symposium on Applications of Holography in Mechanics, August 23-25, 1971, University of Southern California, Los Angeles, California. New York：ASME, 1971：17-38.

［5］楼梦麟，杨燕.汶川地震基岩地震动特性分析［M/OL］//同济大学土木工程防灾国家重点实验室，汶川地震震害研究.上海：同济大学出版社，2011：011-012［2013-05-09］.http：//apabi.lib.pku.edu.cn/usp/pku/pub.muv? pid=book.detail&metaid=m.20120406-YPT-889-0010.

3. 连续出版物著录格式

主要责任者.题名：其他题名信息［文献类型标识/文献载体标识］.年，卷（期）-年，卷（期）.出版地：出版者，出版年［引用日期］.获取和访问路径.数字对象唯一标识符.

示例：

［6］中华医学会湖北分会.临床内科杂志［J］.1984,1(1)-，武汉：中华医学会湖北分会,1984-.

［7］中国图书馆学会.图书馆学通讯［J］.1957(1)-1990(4)，北京：北京图书馆,1957-1990.

［8］American Association for the Advancement of Science.Science［J］.1883,(1)-.Washington,D.C.：American Association for the Advancement of Science,1883-.

4. 连续出版物中析出文献著录格式（期刊、报纸）

析出文献主要责任者.析出文献题名［文献类型标识/文献载体标识］.连续出版物题名：其他题名信息，年，卷（期）：页码［引用日期］.获取和访问路径.数字对象唯一标识符.

［9］DES MARAIS DJ, STRAUSS H, SUMMONS R E, et al.Carbon isotope evidence for the stepwise oxidation of the Proterozoic environment［J］.Nature, 1992, 359：605.

［10］陈建军.从数字地球到智慧地球［J/OL］.国土资源导刊，2010，7（10）：93［2013 -03 - 20］. http：// d. g. wanfangdata. com. cn/Periodical _ hunandz201010038. aspx. DOI： 10. 3969/j.issn.1672-5603. 2010. 10. 038.

［11］丁文样.数字革命与竞争国际化［N］.中国青年报，2000-11-20（15）.

［12］傅刚，赵承，李佳路.大风沙过后的思考［N/OL］.北京青年报，2000-01-12［2005- 09-28］.http：// www.bjyouth.com.cn/Bqb/20000412/GB/4216%ED0412B1401. htm.

5. 电子文献著录格式

主要责任者.题名：其他题名信息［文献类型标识/文献载体标识］.出版地：出版者， 出版年：引文页码（更新或修改日期）［引用日期］.获取和访问路径.数字对象唯一标识符.

［13］萧钰.出版业信息化迈入快车道［EB/OL］.（2001-12-19）［2023-06-26］.http： //www.creader.com/news/20011219/200112190019. html.

［14］中国互联网络信息中心.第 51 次中国互联网络发展状况统计报告［R/OL］. （2012-01-16）［2023-06-26］.https：// finance. sina. com. cn/tech/roll/2013-03-24/doc_ imymykha2943340. shtml.

［15］北京市人民政府办公厅.关于转发北京市企业投资项目核准暂行实施办法的通 知：京政办发［2005］37 号［A/OL］.（2005-07-12）［2023-07-26］.http：// china.findlaw. cn/fagui/p-1/39934. html.

［16］BAWDEN D.Origins and concepts of digital literacy［EB/OL］.（2008-05-04）［2023- 06-26］.http：// www.soi.city.ac.uk/ ~ dbawden/digital%20literacy%20chapter.pdf.

6. 学位论文著录格式

主要责任者.题名［文献类型标识/文献载体标识］.保存地点：保存单位，年份.获取 和访问路径.

［17］CALMS R B.Infrared spectroscopic studies on solid oxygen［D］.Berkeley：University of California，1965.

［18］吴云芳.面向中文信息处理的现代汉语并列结构研究［D/OL］.北京：北京大学， 2003 ［2023-06-26］. http：// thesis. lib. pku. edu. cn/dlib/List. asp? lang = gb&type = Reader&DocGrouplD = 4&DoclD = 6328.

7. 报告著录格式

主要责任者.题名［文献类型标识/文献载体标识］.公告日期或公开日期［引用日期］. 获取和访问路径.数字对象唯一标识符.

［19］中华人民共和国国务院新闻办公室.国防白皮书：中国武装力量的多样化运用 ［R/OL］.（2013-04-16）［2023-06-26］.http：// www.mod.gov.cn/affair/2013-04/16/con- tent4442839. htm.

［20］汤万金，杨跃翔，刘文，等.人体安全重要技术标准研制最终报告：7178999X- 2006BAKO4A10/10. 2013［R/OL］.（2013-09-30）［2023-06-26］.http：// www.nstrs.org.

cn/xiangxiBG.aspx？id＝41707.

[21]CALKIN D，AGER A，THOMPSON M.A comparative risk assessment framework for wildland fire management：the 2010 cohesive strategy science report：RMRS-GTR-262[R].[S.1.：s.n.]，2011：8-9.

[22]U.S.Department of Transportation Federal Highway Administration.Guidelines for handling excavated acid-producing materials：PB 91-194001[R].Springfield：U.S.Department of Commerce National Information Service，1990.

四、著录用文字

（1）参考文献原则上要求用信息资源本身的语种著录。

必要时，可采用双语著录。用双语著录参考文献时，首先应用信息资源的原语种著录，然后用其他语种著录。

示例1：用原语种著录参考文献

[1]周鲁卫.软物质物理导论[M].上海：复旦大学出版社，2011：1.

[2]常森.《五行》学说与《荀子》[J].北京大学学报（哲学社会科学版），2013，50(1)：75.

示例2：用中英两种语种著录参考文献

[3]熊平，吴颉.从交易费用的角度谈如何构建药品流通的良性机制[J].中国物价，2005(8)：42-45.

XIONG P，WU X.Discussion on how to construct benign medicine circulation mechanism from transaction cost perspective[J].China prices，2005(8)：42-45.

（2）著录数字时，应保持信息资源原有的形式。但是，卷期号、页码、出版年、版次、更新或修改日期、引用日期、顺序编码制的参考文献序号等应用阿拉伯数字表示，外文书的版次用序数的缩写形式表示。

（3）个人著者，其姓全部著录，字母全大写；名可缩写为首字。如用首字母无法识别该人名时，则用全名。

（4）出版项中附出版地之后的省名、州名、国名等，以及作为限定语的机关团体名称可按照国际公认的方法缩写。

（5）西文期刊刊名的缩写可参照ISO 4的规定。

（6）著录西文文献时，大写字的使用要符合信息资源本身文种的习惯用法。

⟁⟁ 第三节　实训练习

（1）请使用 CNKI 数据库检索有关数字经济方面的文献资料，将检索结果按照被引频次排序，并将检索结果排名前三的文献按照《信息与文献　参考文献著录规则》（GB/T 7714—2015）中参考文献著录规则罗列出对应参考文献著录格式。

（2）请使用中文科技期刊数据库，查找有关"供应链金融"方面的文献资源，将检索结果按照被引频次排序，并将检索结果排名前三的文献按照《信息与文献　参考文献著录规则》（GB/T 7714—2015）中参考文献著录规则罗列出对应参考文献著录格式。

（3）请使用万方知识服务平台的高级检索功能，查找主题中包含"数字金融"和"普惠金融"的文献资源，将检索结果按照时间排序，并将检索结果排名前三的文献按照《信息与文献　参考文献著录规则》（GB/T 7714—2015）中参考文献著录规则罗列出对应参考文献著录格式。

（4）请使用 Science Direct 期刊全文数据库的高级检索（Advanced Search）功能，利用 Find articles with these terms 检索项，精确检索有关"Visual recognition"方面的文献资源，检索结果按照时间排序，并将检索结果排名前三的文献按照《信息与文献　参考文献著录规则》（GB/T 7714—2015）中参考文献著录规则罗列出对应参考文献著录格式。

（5）请使用 ASP & BSP 数据库，利用高级检索功能查找有关"Financial risk"和"Model inspection"方面的文献资源，并将检索结果按照相关性排序，将检索结果排名前三的文献按照《信息与文献　参考文献著录规则》（GB/T 7714—2015）中参考文献著录规则罗列出对应参考文献著录格式。

（6）请使用 SpringerLink 数据库，利用高级检索功能查找题名信息中包含"digital economy"的文献资源，将检索结果按照相关性排序，并将检索结果排名前三的文献按照《信息与文献　参考文献著录规则》（GB/T 7714—2015）中参考文献著录规则罗列出对应参考文献著录格式。